# 陽のあたる場所
## A Place in the Sun

スクリーンプレイ

# この映画について

## 時代を超えて継承されるべき傑作

『陽のあたる場所』(A Place in the Sun) は名作と称されるにふさわしい。ジョージ・スティーヴンスが世に送り出した本作は1951年度アカデミー賞で9部門にノミネートされ、6部門受賞の栄誉に輝くことになる。最多ノミネート作品の座は『欲望という名の電車』(A Streetcar Named Desire) に譲るが、同年度の作品賞 (Best Picture) を受賞した『巴里のアメリカ人』(An American in Paris) と並び、この年の最多受賞作となっている。実に、監督賞 (Best Director)、脚色賞 (Best Writing, Screenplay)、黒白撮影賞 (Best Cinematography, Black-and-White)、黒白衣裳デザイン賞 (Best Costume Design, Black-and-White)、編集賞 (Best Film Editing)、そして作曲賞 (Best Music, Scoring of a Dramatic or Comedy Picture) である。強力なライバルが並ぶ中、作品賞 (Best Picture)、主演男優賞 (Best Actor in a Leading Role)、主演女優賞 (Best Actor in a Leading Role) は逃している。

もちろんオスカー受賞には、作品の質だけがものを言うわけではなく、時の運や社会・政治状況も影響力を持つ。忘却の彼方へ押しやられるオスカー受賞作もあるが、質の高さを兼ね備える『陽のあたる場所』は60年以上を経ても、未だその輝きを失っていない。作品・俳優の演技・撮影技法なども含め、現在まで高く評価され続けている作品の一つである。

## センセーショナルな事件と裁判

社会を大きく騒がせた出来事が映画の題材となることは珍しくない。本作もまた100年以上前に注目を集めた事件を扱ってはいるが、実話との関連性は間接的なものにとどまる。この映画は、1906年に起きた殺人事件と、その裁判に着想を得たセオドア・ドライサーによる1925年の小説『アメリカの悲劇』(An American Tragedy) を翻案したものだからである。

この実在の事件が人々の目を奪った要因の一つは、そこに男女間トラブルが含まれているからだろう。1906年7月、22歳のチェスター・ジレット (Chester Gillette) は、20歳のグレース・ブラウン (Grace Brown)

# About the movie

をビッグムース湖 (Big Moose Lake) に呼び出し、テニスラケットで殴打し、ボートから転落させ溺死させたと言われている。妊娠中のグレースはチェスターとの結婚を願い、彼に激しく迫る。その結果、彼女以外にも複数の女性と関係を持っていたとされるチェスターに殺意が生まれ、事件が引き起こされたというのが、この事件の一般像である。女性が男性に結婚を求める一方、男性は躊躇し、婚姻がもたらす大人の世界へと踏み込めない。このような構図は、殺人という帰結がなければ、ありふれた問題かもしれない。しかし被害者は妊娠中、加害者は複数の女性と交際中、そこに殺人まで絡めば、ゴシップ的関心の的になるに十分過ぎる要素を備えることになる。

加えて、グレースからチェスターに宛てた恋文が法廷内で読み上げられ、さらなる騒ぎとなる。彼女の手紙のコピーは、裁判所の外で売られる事態となり注目度が増したと言われる。その手紙の一部は翻案され、ドライサーの小説に組み込まれることになる。この扇情的な出来事は、まずはドライサーの手によって、新たな息を吹き込まれたのである。

## ブロードウェイから映画へ

小説というメディアを通して、新たに創造された物語はさらなる普遍性を帯びた形で世に送り出された。映画の黎明期から小説もまた映画の格好の題材である。『アメリカの悲劇』も例外ではない。大衆を魅了したこの作品はまず、ブロードウェイのロング・エーカー劇場 (Longacre Theatre) にて舞台化されることになる。1926 年 10 月 11 日から翌年 4 月まで約半年間、3 幕構成の舞台劇として 216 回にわたり上演された。その時のタイトルは原作通り *An American Tragedy* が採用された。また、クライド・グリフィス (Clyde Griffiths) やソンドラ・フィンチリー (Sondra Finchley) などの登場人物名も原作を踏襲している。

この作品が初めて映画化されるのはその 5 年後の 1931 年である。ジョセフ・フォン・スタンバーグ (Josef von Sternberg) が監督を、サミュエル・ホフェンシュタイン (Samuel Hoffenstein) が脚本を担当した。この時もやはりタイトルは *An*

*American Tragedy* が採用され、登場人物名も原作に沿っている。きらびやかな上流階級への憧れと抑圧された労働者の苦悩などの社会的図式が提示されている。社会の歪みを明確に描いているとして、この映画を原作小説により近い翻案だと高く評価する観客も多い。他方、ドライサーは、彼の小説が単なる殺人物の映画へと矮小化されていると感じ、憤っていたと伝えられる。

　映画というメディア、特にパラマウントのような大会社配給作品は、興行収入も求められ、より大きな層に訴求する必要がある。殺人事件の扇情性を重視するのはやむを得ないのかもしれない。入手困難な映画ではあるが、機会があれば小説と新旧の翻案映画を比較すると面白いだろう。

## 『陽のあたる場所』へ

　初の映画化から約20年を経て、再び映画化の運びとなる。既存作品があたりまえのようにリメイクされる昨今と1950年代の状況は異なっていた。『陽のあたる場所』がリメイクということで、制作に反対の声も強かったようである。ジョージ・スティーヴンスが主張を通し産み出した

この作品は、タイトルは言うまでもなく、時代設定や登場人物名なども大きく改変されている。

原作小説やスタンバーグ版映画から間接的影響を受けながらも、『陽のあたる場所』はオリジナル作品としての輝きを放っている。また、その配役も絶妙である。そのおかげで観客は、救いのない物語をさほど抵抗なく受け入れられるのである。社会的地位を追求する労働者階級の主人公ジョージ・イーストマンには、ハンサムなモンゴメリー・クリフトが配されている。また、ジョージを巡る二人の女性—上流階級のアンジェラ・ヴィッカーズと労働者階級のアリス・トリップ—には、まばゆいばかりの美しさのエリザベス・テイラーと、本来の華やかさを抑えたシェリー・ウィンターズが配されている。当時、セクシーなイメージのウィンターズが、可憐さを醸しだしながらも、思い詰めた女性像を体現し、リアルに演じきっているのである。このことが作品の質と真実らしさを高め、本作を成功へと導いたのかもしれない。貧しいがハンサムな青年、裕福で美しい女性、そして貧しく月並みな容姿の女性という三者の関係は、この映画のテーマを考える上でも重要である。

この映画では上流階級と労働者階級、資本を持つ側と搾取される側という二項対立の構図が提示されている。ジョージがアンジェラに憧れる図式と、アリスがジョージに焦がれる図式は、各々、前者が後者よりも社会的に低い位置に属するという点で似通っている。アリスのセリフに見られるように、ジョージはイーストマン一族ということで、労働者でありながら、アリスよりも上に位置づけられる。つまり、アリスにとってはジョージが、ジョージにとってはアンジェラが、彼らにとっての「陽のあたる場所」つまり「夢」を体現する存在ということである。これらの二つの関係では、社会的・経済的弱者である人物が死を迎える。アリスが求める実現可能なシンデレラストーリーは拒絶され、ジョージが求める現実味のない逆シンデレラストーリーもまた否定される。両者の結末が示すものは、体制側、あるいは体制側により近い者からの抑圧、ひいては資本主義社会批判でもある。

しかし、この映画は、原作小説の持つ社会派ドラマとしての色彩をある程度は保ちつつも、実在の殺人事件を思い起こさせ、さらに生々しい恋愛と理想的な恋愛を織り混ぜている。それ故に絶妙なバランスを持つ独立したエンターテイメントになっていると言えるのではないか。

安田　優（北陸大学准教授）

# 溺死事件と「オフィーリア」

写真：ウィキペディア

### オフィーリア

 ２人の女性の間で揺れる主人公ジョージ。アリスと電話で話したあとすぐ、アンジェラからの誘いを受けたジョージが思い悩むシーンで、背後に一枚の絵が見える（DVD Chapter 4最後）。ジョージの頭上に影を落とすように見えるのは、自然のなかで生と死をさまようように水面に浮かぶ美しい女性の姿。明らかに、映画の後半で起きる湖での溺死事件を示唆するものである。DVDの音声解説（ジョージ・スティーヴンス・Jrとアイヴァン・モファットによる）にもあるように、この絵画は、19世紀イギリスのラファエル前派の画家ジョン・エヴェレット・ミレー屈指の代表作「オフィーリア」(1851－1852年制作)である（ロンドン、テート・ギャラリー蔵）。

### 悩めるハムレット

 「オフィーリア」とは、ウィリアム・シェイクスピア(1564－1616)の四大悲劇のひとつ『ハムレット』に登場する女性の名前である。この戯曲では、父を毒殺した叔父が母と

# The Drowning and 'Ophelia'

結婚しているという状況で、主人公のデンマーク王子ハムレットが "To be or not to be, that is the question." (このままでいいのか、いけないのか、それが問題だ) と悶々と悩む。煮え切らず、行動への決断が下せない点で、ジョージと重なるといえよう。

### 溺死する女性

悩んだ挙句、叔父への復讐を決意したハムレットだが、間違って殺してしまったのは、宰相ポローニアス。ハムレットの恋人オフィーリアの父だった。悲しみのあまり狂気に追いやられてしまうオフィーリアは、小川のほとりで花の冠を作り、それを枝にかけようと柳の木によじ登るも、誤って川に転落してしまう。溺死する直前に「人魚のように川面に浮かびながら、祈りの歌を口ずさんでいた」と語られる場面(第4幕第7場)を描いたのが、この絵画である。

絵画を見ると、オフィーリアの右手あたりには、花環からほどけた色とりどりの花々が浮かんでいる。赤い花は、死を象徴するケシの花である。ジョージは多くを語らないが、

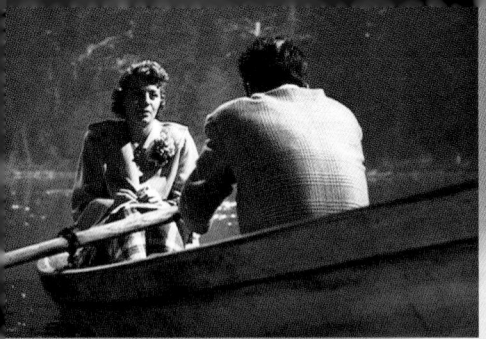

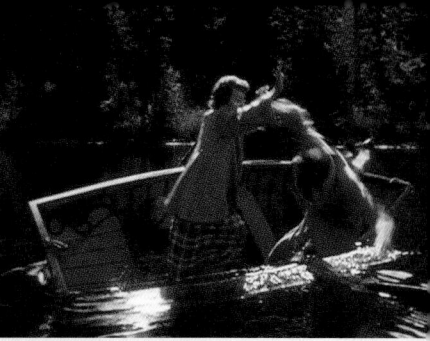

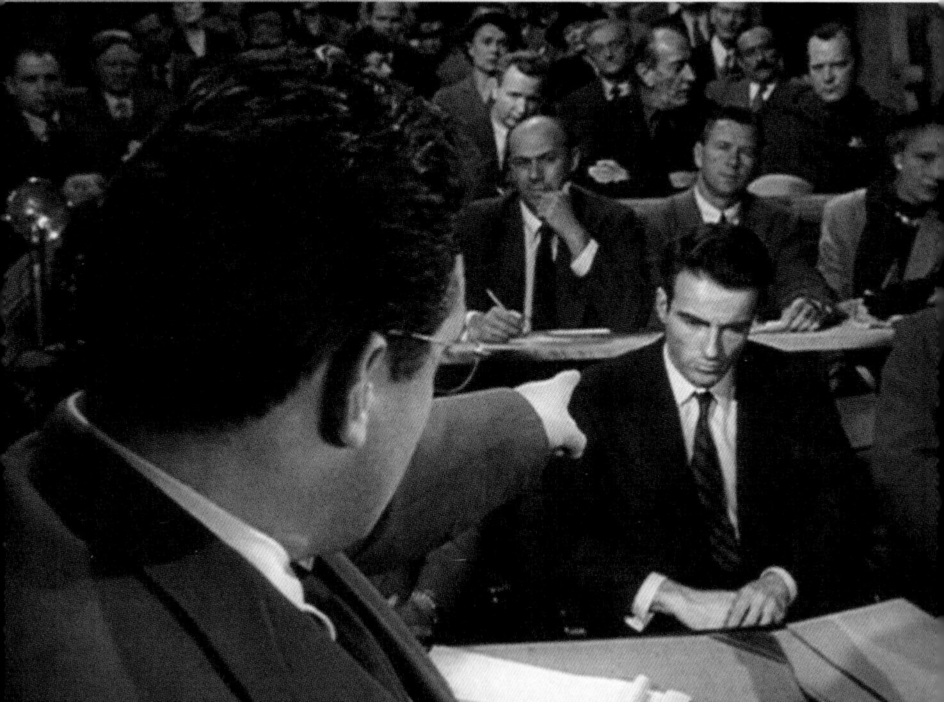

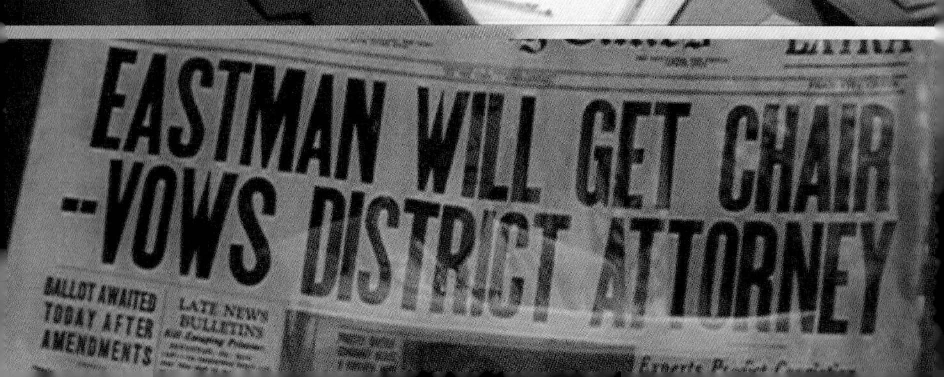
EXTRA
EASTMAN WILL GET CHAIR
--VOWS DISTRICT ATTORNEY
BALLOT AWAITED TODAY AFTER AMENDMENTS
LATE NEWS BULLETINS

"I've never been able to feel the same about it since the drowning."

この一枚の絵によって、悩める主人公とその犠牲になる女性という構図がまさに浮かび上がるのである。

### 伏線

ほかにもセリフや設定において、溺死事件に関してはさまざまな伏線が敷かれているが、この絵画のようにひっそりと示されるのは、映画ならではである。よほど注意を払っていないと見逃してしまう。このシーンより前にも、この絵画が一瞬だけ登場するところがある。映画のDVDを用い、画面全体に注意を払いながら、じっくり鑑賞してみてほしい。視聴回数を重ねるごとに、いろいろな意味で新たな気づきや発見があるはずだ。

　　　　　長岡　亜生（福井県立大学准教授）

# キャストと監督

## Montgomery Clift / モンゴメリー・クリフト

1920年10月17日ネブラスカ州生まれ、1966年7月23日没。養子に出された母親は自分の肉親が貴族だと確信し、それに相応しい教養を身につけさせるためモンゴメリーと双子の姉と兄を学校へは行かせず自宅で教育を受けさせる。13歳でブロードウェイデビュー。その演技は高い評価を得ており、早くからハリウッドからの誘いを受けるが、断り続け、デビューから10年後に映画界に転身する。ジョン・ウェイン主演の『赤い河』(1948)が映画初出演。すぐに人気に火がつき、同年に出演した『山河遥かなり』でアカデミー賞主演男優賞に初ノミネートされた。その後、『女相続人』(1949)、本作『陽のあたる場所』、『大空輸』(1950)、『地上より永遠に』(1953) などに出演し、アカデミー賞に2回ノミネートされた。しかし、1950年頃からはアレルギーや大腸炎、さらにはアルコールや薬物の依存症に苦しむ。さらに、『愛情の花咲く樹』(1957)を撮影中、交通事故で重傷を負い、二枚目で知られた顔を負傷する。その後、アカデミー助演男優賞にノミネートされた『ニュールンベルグ裁判』(1961)で復活を印象づけるが、事故以前の名声やプライベートの充実を得ることはできなかった。親友のエリザベス・テイラーの新作に出演する予定だったが、1966年45歳の若さで自宅で急死。死因は心臓発作だった。

## Elizabeth Taylor / エリザベス・テイラー

1932年2月27日イギリス・ロンドン市生まれ、2011年3月23日没。米国籍の両親が英国に住んでいる時に生まれ、第二次世界大戦勃発直前の7歳の時に米国へ渡る。その後、友人たちからスクリーンテストを受けるように進められユニバーサルと契約を結んだ。デビュー作は『There's One Born Every Minute』(1942)。ユニバーサルとの契約はこの作品だけで解消したが、子役としての可能性を予見したMGMとすぐに契約を結ぶ。MGMでのキャリアは『名犬ラッシー 家路』(1943)でスタートし、『緑園の天使』(1944)が大ヒットして子役スターとなる。その後、『若草物語』(1949)、『花嫁の父』(1950)、『ラプソディー』(1954)、『愛情の花咲く樹』(1957)、『クレオパトラ』(1963)などの出演でトップ女優の座を不動のものとする。『バターフィールド8』(1960) と 『ヴァージニア・ウルフなんかこわくない』(1966)ではアカデミー賞主演女優賞を受賞した。私生活では『クレオパトラ』で共演した俳優リチャード・バートンを含む7人の男性と8回結婚し、映画と同様にファンの注目を集めた。また、長きに渡りエイズ撲滅活動を積極的に支援し、1985年には米国エイズ研究財団を共同で設立した。

# Cast & Director

## Shelly Winters / シェリー・ウィンターズ

1929年8月18日ミズーリ州生まれ、2006年7月14日没。敬虔なユダヤ教徒の一家は父親が安定した仕事を得るため、幼いころにセントルイス市からニューヨーク州のブルックリン市に移り、そこで演劇に興味を持つ。高校時代の演劇出演を皮切りに、演技レッスンを受け、1941年にブロードウェイのデビューを果たす。ハリウッドでの活躍を夢見て努力するが、『What a Woman!』(1943)など端役ばかりで苦労する。しかし、『二重生活』(1947)で注目を集め、以後、『都会の叫び』(1948)、『暗黒街の巨頭』(1949)、『South Sea Sinner』(1950)に出演して、事件に巻き込まれてしまう女性やセクシーな女性役を熱演する。ただ、本作では金髪を茶色に染めてまでオーディションを受け、献身的な女性役を熱演、アカデミー賞主演女優賞にノミネートされ知名度が急速に高まる。以後、『アンネの日記』(1959)と『いつか見た青い空』(1965)でアカデミー助演女優賞を受賞し、年を重ねても『ポセイドン・アドベンチャー』(1972)、『いまは涙を忘れて』(1992)などの大作やテレビ映画に出演する。

## George Stevens / ジョージ・スティーヴンス

1904年12月18日カリフォルニア州生まれ、1975年3月8日没。劇場を営む俳優・女優の両親のもとで育つ。17歳の時、両親は劇場をたたみ、家族を連れてハリウッドへ移住する。間もなく、ハル・ローチのスタジオでカメラの助手として働き始めた。2年が経たないうちにお笑いコンビローレル&ハーディの主演映画で撮影とギャグ担当になり、同コンビの『Roughest Africa』(1923)のエンドロールで名前が初めて表示される。ユニバーサルで短編映画の助監督になり、1932年にRKOに移籍。キャサリン・ヘプバーン主演の監督作品『乙女よ嘆くな』(1935)が評判になる。以後、サイレント映画時代に学んだ即興を取り入れながら、独自の撮影技法や編集技術は業界の注目を集める。第2次世界大戦中、米国軍の映画斑に所属し、ノルマンディー上陸やパリ解放などを撮影する。戦後、彼の映画は本作や『ママの想い出』(1948)などに代表されるように人間の内面を重視した演出に変わり、その後も『シェーン』(1953)、『ジャイアンツ』(1956)、『アンネの日記』(1959)、『偉大な生涯の物語』(1965)などの名作を残す。5度アカデミー監督賞にノミネートされ、2度の受賞を果たしている。

# この映画の英語について
## Movie English

### ジョージをめぐる光と影

貧しい家庭に生まれ育ち、上流階級の生活に憧れる主人公ジョージをとりまく、2人の女性の英語に注目してみよう。豪華なドレスをまとい、輝くような美しさの上流階級の令嬢アンジェラと、貧しい農家出身で、つましい下宿に暮らし、工場で働く地味なアリス。ジョージにとって、光と影、いわば対極にある世界に属する女性たちである。

### アンジェラの英語

イーストマン邸のパーティで、ひとりビリヤードに興じるジョージに "I see you had a misspent youth." (p. 44) と声をかけ、"Come on. I'll take you dancing... on your birthday, blue boy." (p. 50) と、半ば強引にダンスに連れ出すアンジェラ（DVD Chapter 3）。2人はたちまち惹かれあい、結婚を考え始める。不安そうなジョージに、アンジェラは、両親もわかってくれるはずと訴え、"I'd go anywhere with you." (p. 76) と言い切る。ジョージに "You really mean that? You'd marry me?" と聞き返されても、"Haven't I told you? I intend to." (p. 76) と迷いがない。アンジェラは、結婚に対してなんら障害も感じず、あくまで楽観的なのである。

### アリスの英語

他方、貧しい労働者階級のアリ

*"It's the little things in life that count."*

スは、アンジェラが代表する上流階級の女性たちを "all those rich girls that have nothing to do" (p. 40) と呼び、アンジェラが素敵な洋服を着ていることに対しても、"Why shouldn't she, with all that money?" (p. 54) と、妬みのこもった敵意をむき出しにする。

社長の甥であるジョージについては当初から、"... you're not in the same boat with anyone." (p. 36) と、自分たちとは住む世界が違うことを認識していたものの、ないがしろにされていると感じて、アリスは "...maybe you don't want to see me so much anymore." (p. 54) と泣き出す。そして湖上でも、"You wished that you weren't here with me, didn't you? You wished that I was someplace else where you'd never have to see me again. Or maybe you wished that I was dead..." (p. 88) と、ジョージを追いつめる。勝手な思い込みから、どんどん悪い方へと考えが及んでしまう。アンジェラと対照的に、あまりにも暗く、卑屈で、悲観的なのである。

## 社会階級による英語の違い

今度はこの2人の話す英語の発音、トーンやイントネーションに注意して聞いてみよう。社会階級による微妙なアクセントの違いに気づくことができるだろう。とくに上でも見たジョージとアンジェラの出会いの場面 (Chapter 3) と、

"They'd say I was making up to the boss' nephew."

"And I used to think I was complicated."

"But whom were you thinking of?"

Who's your friend?

　それに続く、アリスの部屋をジョージが訪れる場面(Chapter 4)を対比してみるとよい。アンジェラが教養ある上流階級のフォーマルな英語を話すのに対して、アリスは、語句の短縮形を多用している。貧しい出自を感じさせる労働者階級の英語といえる。

　それぞれの女性に対するジョージの話し方、言葉づかいにも注目してみると面白い。たとえばアリス、アンジェラと立て続けに電話で話す場面(Chapter 4 最後)では、相手の声は聞こえないものの、ジョージが夢と現実のはざまで苦悩する姿がみられる。ここでも、異なる2つの世界、ジョージにとっての光と影が対比されるのである。

長岡　亜生(福井県立大学准教授)

# リスニング難易度表

　スクリーンプレイ編集部が独自に採点したこの映画の「リスニング難易度」評価一覧表です。リスニングのポイントを9つの評価項目に分け、通常北米で使われている会話を基準として、それぞれの項目を5段階で採点。また、その合計点により、映画全体のリスニング難易度を初級・中級・上級・最上級の4段階で評価しました。評価の対象となったポイントについては、コメント欄で簡単に紹介されています。英語を学ぶ際の目安として参考にしてください。なお、映画全体の英語に関する詳しい説明につきましては、「この映画の英語について」をご参照ください。

| 評価項目 | 易　→　難 | コメント |
|---|---|---|
| 会話スピード<br>Conversation Speed | Level 2 | 日常会話や恋人同士の会話が多いため、平均よりやや遅めである。 |
| 発音の明瞭さ<br>Pronunciation Clarity | Level 3 | 上流階級の登場人物が多いため、全体的に明瞭である。 |
| アメリカ訛<br>American Accent | Level 2 | 標準的なアメリカン・アクセントだが、上流と労働者階級で相違がみられる。 |
| 外国訛<br>Foreign Accent | Level 1 | みられない。 |
| 語彙<br>Vocabulary | Level 3 | 時代遅れの言葉がいくつかみられる。 |
| 専門用語<br>Jargon | Level 2 | 法廷のシーンでは裁判にまつわる法律用語が使われる。 |
| ジョーク<br>Jokes | Level 1 | みられない。 |
| スラング<br>Slang & Vulgarity | Level 1 | 時代遅れの単語、スラングやイディオムが若干みられる。 |
| 文法<br>Grammar | Level 2 | 上流階級の登場人物が多いため、全編を通し、標準的である。 |

　上流階級の人が話す場面が多いため、会話スピードや発音、文法は標準的。反面ジョージとアリスの会話では労働者階級の発音がみられる。犯罪、裁判に関する語彙や、時代遅れの語彙もみられるが、全体的に聞き取りやすい。

| TOTAL SCORE : **17** | 9〜16 = 初級 | 17〜24 = 中級 | 25〜34 = 上級 | 35〜45 = 最上級 |
|---|---|---|---|---|

## スクリーンプレイ・シリーズについて

『スクリーンプレイ・シリーズ』は、映画のセリフを 100% の英語および日本語訳で編集した完全セリフ集です。また、セリフの『英語学』的な説明ならびに『映画』のさまざまな楽しい解説を編集しています。

### 【スクリーンプレイ・シリーズの特徴】

- ◆（完全）セリフを完全に文字化しています。あなたが聞き取れなかったセリフを文字で確認することができます。
- ◆（正確）DVD 日本語字幕のような省略意訳でなく、忠実に日本語訳しているので、正確な意味が分かります。
- ◆（説明）左頁で、セリフやト書きにある単語の意味や語句の英語学的説明があり、英語学習を極めることができます。
- ◆（解説）右頁に、単語や熟語などの構造・使用方法などの説明から映画シーンのさまざまな解説が編集されています。
- ◆（読物）『ト書き』を本物映画台本の専門的説明を省き、映画を読み物として楽しめるように執筆しています。
- ◆（分割）10 に分割し、チャプター毎に DVD の時間表示もしているので、学習したい場面を探しやすくしています。
- ◆（知識）『この映画の英語について』などの冒頭編集ページや数ヶ所の『映画コラム』で楽しく学習できます。
- ◆（実践）『覚えておきたいセリフベスト 10』を対象に、繰り返し何度も発声練習しておけば、実生活でも使えます。
- ◆（無料）『リスニングシート（無料）』を活用すれば、映画別、段階別にリスニング能力のチェックができます。

## 『ドット・コード』について

### 【ドットコードとは？】

- ●グリッドマーク社が特許を有する「ドットコード音声データ再生技術」のことです。通常の文字印刷に加えて、パターン化された微小な黒い点の集合体（ドットコード）を印刷する一種の「二色刷り」です。
- ●目次ならびに本文英文ページの『セリフ』箇所に印刷されています。ルーペなど拡大鏡で見ると確認できます。
- ●グリッドマーク社のホームページ「GridOnput」をご覧下さい。http://www.gridmark.co.jp/gridonput.html

### 【ドットコードはどう使うの？】

- ●スクリーンプレイが別売している音が出るペン "iPen" と「音声データ」を入手いただくことが必要です。
- ●ドットコード印刷された本書の部分に "iPen" のペン先を当てると、"iPen" のスキャナーがドットコードを読み取り、内蔵された microSD メモリ内の音声データとリンクして、ペンのスピーカーから『音声』が聴こえるというシステムです。
- ●さらに詳しい内容は、本書の巻末ページ「iPen の案内」をご覧下さい。

### 【今までと何が違うの？】

- ●"iPen" と「音声データ」共用で、DVD なしで音声が聞こえ、本書でリスニング学習が可能となります。
- ●映画では「チョット早すぎる」という人も、ネイティブのゆっくりとした、クリアな発声で格段に聞き取り安くなります。
- （なお、PD ＝パブリック・ドメインの『映画タイトル』は "iPen" 音声も生の映画音声を採用しています）
- ●"iPen" で学習した後に、最後はお好きな映画を、英語音声と一切の字幕なしで楽しめるようになりましょう。

## 『ドット・コード』印刷書籍の使用上のご注意

### ＜本書の取り扱いについて＞

- ■ドット印刷箇所に鉛筆、油性ペンなどで文字や絵を書いたり、シールなどを貼ったり、消しゴムでこすったりしないでください。"iPen" が正常にドットコードを読み込まなくなる恐れがあります。
- ■水などの液体に十分ご注意ください。紙面が濡れたり、汚れたりすると読み込み不良の原因となります。
- ■購入時に正常だった書籍が、ドットコード異常になった場合、返品やお取り替えの対象となりません。

### ＜音声再生について、等＞

- ■紙面にペン先を当てる際は、確認音声が終わるまでしっかりと "iPen" に読み込ませてください。読み込み時間が十分でないまたは適切な使用方法でない場合、再生音声が途切れるなど動作不良の原因となります。
- ■本書の印刷以外に "iPen" のペン先を当てても音声は再生されません。
- ■スクリーンプレイが発売している「音声データ」以外のデータで "iPen" をご利用になられた場合、"iPen" 本体ならびに「音声データ」の故障の原因となります。その際、当社は一切の責任を負いかねますのでご了承ください。また、不正に入手された「音声データ」の場合も同様です。

# 本書のご利用にあたって

【目次ページ】

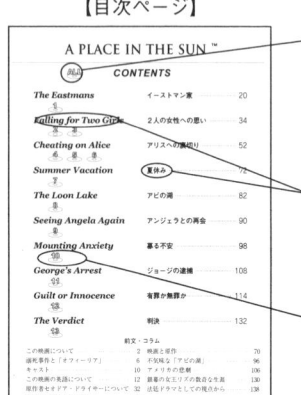

◆ **ALLマーク**

これが本書の英語セリフ音声全再生マークです。特殊なドットコードが印刷されています。ですから、マークに"iPen"の先端を当てると、該当映画の本文英語セリフ音声を全て通してお聞きいただけます。

◆ **本書の章分類**

本書シリーズの章分類は、従来から原則的に10章に分割して編集しています。章題名の英文と日本文はスクリーンプレイによるものです。

◆ **1マーク**

これが本書のチャプターマークです。全て日本で発売されている標準的DVDに準拠しています。全再生マークと同様に、"iPen"の先端を当てると、該当チャプター分の本文英語セリフ音声をお聞きいただけます。

【本文ページ】

◆ **1マーク**

上記説明と同様です。

◆ **英文文字（セリフ）**

英文文字（セリフ）に"iPen"の先端を当てると、該当したセリフ音声が聞こえます。

原則として、初めの「：」から文章の終わりまでです。

また、同一人物の長いセリフの場合、分割して編集していますから、次の「：」で行替えになる直前までです。

◆ **iPenマーク**

"iPen"での外部音声録音記憶用の「空白」ドット番号です。録音方法その他は、本書巻末ページ「スクリーンプレイiPenの案内」をご覧下さい。

---

**【時間表示について】**

本書各章の冒頭に印刷してある時間は、その映画シーンをサーチ（頭出し）するための「目安」です。
表示されている時間は、映画の開始時点を[00:00:00]（ゼロ点）とした上での通過時間を表示しています。但し、ご使用になられるDVD、ブルーレイなどの映画ソフトならびに再生機器の機種により表示が異なる場合があります。この場合、「□□□□」欄にご使用機種の独自のカウンター番号をご記入ください。

# A PLACE IN THE SUN ™

## CONTENTS

| | | |
|---|---|---|
| *The Eastmans* 1 | イーストマン家 | 20 |
| *Falling for Two Girls* 2 3 | 2人の女性への思い | 34 |
| *Cheating on Alice* 4 5 6 | アリスへの裏切り | 52 |
| *Summer Vacation* 7 | 夏休み | 72 |
| *The Loon Lake* 8 | アビの湖 | 82 |
| *Seeing Angela Again* 9 | アンジェラとの再会 | 90 |
| *Mounting Anxiety* 10 | 募る不安 | 98 |
| *George's Arrest* 11 | ジョージの逮捕 | 108 |
| *Guilt or Innocence* 12 | 有罪か無罪か | 114 |
| *The Verdict* 13 | 判決 | 132 |

### 前文・コラム

この映画について ……………………… 2
溺死事件と「オフィーリア」……… 6
キャスト ……………………………… 10
この映画の英語について …………… 12
原作者セオドア・ドライサーについて … 32
アメリカ自然主義文学 ……………… 50
映画と原作 …………………………… 70
不気味な「アビの湖」……………… 96
アメリカの悲劇 ……………………… 106
銀幕の女王リズの数奇な生涯 ……… 130
法廷ドラマとしての視点から ……… 138

この映画から覚えておきたいセリフ ベスト10 ……… 140

# *The Eastmans*

EXT. HIGHWAY – DAY – GEORGE EASTMAN *watches traffic whiz by as he tries to hitch a ride. He turns around and sees a billboard with a woman in a swimsuit. The billboard says, "It's an Eastman." A jalopy of a truck packed with junk stops, and the driver offers a ride.*

**DRIVER** : You want a ride?

EXT. / INT. EASTMAN COMPANY – DAY – *The driver drops George off outside the plant.*

**DRIVER** : Is this the place?
**GEORGE** : Yeah.
**GUARD** : Yes?
**GEORGE** : I'd like to see Mr. Charles Eastman, please.

**GUARD** : So would I. I expect to if I work here another five years!
**GEORGE** : Could you tell me how to get to his office?

**GUARD** : Better go to the administration building. Just a moment.

**EARL** : ...I'll bring them along as soon as I get more...

INT. CHARLES EASTMAN'S OFFICE / RESIDENCE – DAY – *George enters the office and is greeted by the secretary MARGARET OTTINGER.*

**OTTINGER**: Mr. Eastman?
**GEORGE** : Yes.
**OTTINGER**: I'm awfully sorry, but our Mr. Eastman is at home today. He won't be coming in.

20

# イーストマン家

DVD　00：00：00
□□□□□□

屋外－幹線道路－昼－ジョージ・イーストマンは、車に乗せてもらおうと思って、車が走り去っていくのを見ている。彼が振り返ると、水着を着た女性が写っている看板が目に入る。その看板には「イーストマン」と書いてある。廃品を積んでいるオンボロ車が止まり、運転手が乗らないかと勧める。

**運転手**　　：乗っていくかい？

屋外／屋内－イーストマン社－昼－運転手は、その建物の外でジョージを降ろす。

**運転手**　　：ここかい？
**ジョージ**　：そうだ。
**守衛**　　　：何でしょうか？
**ジョージ**　：チャールズ・イーストマンさんにお会いしたいのですが。
**守衛**　　　：私もお会いしたいものだね。もう５年働いたら、お会いできると思っているよ。
**ジョージ**　：社長室へはどうやって行ったらいいか教えてもらえませんか？
**守衛**　　　：管理棟に行くほうがいいね。ちょっと待って。

**アール**　　：…もっと手に入ったらすぐに持ってくるよ…。

屋内－チャールズ・イーストマンのオフィス／邸宅－昼－ジョージが社長室に入ると、秘書のマーガレット・オッティンガーに迎えられる。

**オッティンガー**：イーストマンさん？
**ジョージ**　：そうです。
**オッティンガー**：誠に申し訳ありませんが、社長は本日自宅におります。出社しませんが。

■ in a swimsuit
in は、「～を身につけて」の意味。be dressed in red（赤い服を着て）、a cat in a hat（帽子をかぶった猫）、a man in glasses（メガネをかけた男）などの表現に見られるように、必ずしも体全体を覆っている必要はない。

■ It's an Eastman
企業を表す固有名詞に不定冠詞が付くことで、イーストマン社の「製品」であることを示す。例えば a Sony という場合は、ソニーの代表的製品を指し示すことになる。

■ drop off
分離型の句動詞なので、目的語が代名詞の場合、その目的語を動詞の後に置く。

■ Yeah
Yes のカジュアルな表現。対になる反意表現は nah。

■ So would I
倒置表現。「私も～である」I also would like to see Mr. Charles Eastman. と同義。

■ better
「had better」の短縮形。口語では had はきわめて軽く発音され、しばしば 'd better のように短縮されたり、had が省略されたりする。「had better ＋動詞の原形」で、「～すべきだ、～しなければまずい、困ったことになる」という強い助言の表現。否定は「had better not」の形になる。
ex. You had better not say anything about it.（それについて何も言わないほうがいい）

■ as soon as
副詞節の中では、内容が未来の場合でも現在形を用いる。

■ won't be coming in
未来進行形。何らかの都合で～することになるという意味である。ここではその否定。

21

| | | |
|---|---|---|
| **GEORGE** | : Oh. | Oh ⊙ |
| **OTTINGER** | : Tell me. Are you a relative? | |
| **GEORGE** | : He's my uncle. | |
| **OTTINGER** | : Oh, well. I'm sure he'll want to see you. Let me give him a ring. | Let me give ⊙<br>give him a ring ⊙ |
| | | |
| **BUTLER** | : Oh, yes, one moment, please. | |
| **CHARLES** | : Paris can dictate all they want to women about what they're going to wear to cocktail parties or to bed or to bridge games. But Paris is not going to tell American women what sort of bathing suits they're going to wear! | dictate 命令する, 指示する, ～を決定する |
| | | |
| **BUTLER** | : Miss Ottinger. | |
| **CHARLES** | : Hello. Who? Oh, yes, of course. All right, Margaret, let me have a word with the young man. | have a word with ～と少し話をする |
| | | |
| **GEORGE** | : Thank you. | |
| **OTTINGER** | : It's on number two. | |
| **GEORGE** | : Hello? | |
| **CHARLES** | : Hello, my boy. | my boy ⊙ |
| **GEORGE** | : I hope you remember, sir. | I hope ⊙ |
| **CHARLES** | : Of course I remember. How are you? You certainly got here fast. | |
| **GEORGE** | : Well, I wanted to. But I, I certainly didn't want to bother you at home, sir. | bother 困らせる, ～に迷惑をかける |
| **CHARLES** | : Tell you what you do. You drop out to the house about seven o'clock. | Tell you what ⊙<br>You drop...seven o'clock ⊙ |
| **GEORGE** | : Yes, sir. | |
| **CHARLES** | : See you then. | See you then　じゃあね ⊙ |
| **GEORGE** | : Thank you very much, sir. | |
| **EARL** | : What's the matter, Dad? My tie on crooked? | What's the matter　どうしたの ⊙<br>crooked　曲がっている, ゆがんでいる |
| **CHARLES** | : No, it's just that I was thinking... George Eastman's dropping in tonight. | It's just that...　ただ～なだけ<br>drop in　立ち寄る ⊙ |

22

| | |
|---|---|
| ジョージ | : そうなんですか？ |
| オッティンガー | : あの、教えてください。ご親戚の方ですか？ |
| ジョージ | : 彼は私の叔父です。 |
| オッティンガー | : まあ、そうでしたら、社長はきっとあなたにお会いになると思います。お電話してさしあげますね。 |
| 執事 | : ああ、はい。ちょっとお待ちください。 |
| チャールズ | : パリは、好きなだけ女性たちに指図すればいい。カクテルパーティに行く時や、寝る時、ブリッジ・ゲームをする時に、何を着ればいいかということについては。だがパリが、アメリカの女性にどんな水着を着るのか指図することはあってはならないんだ。 |
| 執事 | : オッティンガーさん。 |
| チャールズ | : もしもし。誰だって？　ああ、そうか。そうだった。いいぞ、マーガレット。その若者と少し話をさせてくれ。 |
| ジョージ | : ありがとう。 |
| オッティンガー | : 2番の電話です。 |
| ジョージ | : もしもし？ |
| チャールズ | : やあ、君か。 |
| ジョージ | : ご記憶されていらっしゃればいいのですが。 |
| チャールズ | : もちろん覚えているさ。元気にしているかい？ほんとに早くこっちに来たんだね。 |
| ジョージ | : ええまあ、そうしたかったんです。でも、僕…僕はもちろんご自宅までおじゃましてはいけないと思いまして。 |
| チャールズ | : こうしてもらおう。7時頃家に来てくれ。 |
| ジョージ | : はい、わかりました。 |
| チャールズ | : ではその時に。 |
| ジョージ | : 本当にありがとうございます。 |
| アール | : どうしたんですか、お父さん？　僕のネクタイ曲がってますか？ |
| チャールズ | : いや…考え事をしていただけなんだ。ジョージ・イーストマンが今晩、訪ねてくるんだよ。 |

■ Oh
音調の変化により、驚き、喜び、悲しみなどさまざまな感情を表す。

■ Let me give
使役動詞。「let + O + 原形不定詞」の形を用いて、「Oに～させる・させてあげる」という、許可・容認の意味を表す。「make + O + 原形不定詞」の場合は「Oに強制的に～させる」というニュアンスになる。

■ give him a ring
= give someone a call

■ my boy
男性に対する親しみをこめた呼びかけ表現。性別を問わない類似表現に my darling や my dear などがある。

■ I hope
そうであって欲しいと考えている場合に使う。hope の後は未来の内容であっても現在形を使うこともある。おそらく無理だろうと言う場合には wish を使う。

■ Tell you what
= (I'll) tell you what
「あのね、そうだな、なあ、話したいことがある」、「こうしよう」という意味を表す決まり文句。話し手が重要だと思っていることを話し始める際に用いる。この場合のように、I'll が省略されることもある。

■ You drop...seven o' clock
命令文。命令文では通常、誰を指しているかが自明であるため、主語は省略される。ここでは「あなたが」ということで主語を強調している。また、drop out to は stop by や drop by と同義だが drop by のほうがより一般的。

■ See you then
= I'll see you then

■ What's the matter
「どうしたの？」
相手のいつもと違う様子や態度を心配して尋ねる決まり文句。「what's the matter with + 人」という形でも使われる。

■ drop in
= call informally and briefly as a visitor
drop by と同様に使われ、call in よりもカジュアルな表現。

23

| | | |
|---|---|---|
| **LOUISE** | : George Eastman...? You mean Asa's son? | You mean つまり〜ってことですか |
| **CHARLES** | : That's right. I ran into him in Chicago. | run into 偶然〜に出会う<br>Chicago ⊙<br>lead 導く, 先導する |
| **MARCIA** | : Is he going to lead us in a prayer? | |
| **CHARLES** | : Oh, he's not at all like Asa or his wife. He's very quiet and pleasant. Not much education, but ambitious. And he looks amazingly like Earl. | be like 〜のようである<br>not at all 少しも〜でない<br>pleasant 愉快な, 感じの良い<br>Not much education ⊙<br>look like 似ている<br>amazingly 驚くほど |
| **EARL** | : What's he do? | What's he do ⊙ |
| **CHARLES** | : He's a bellhop in my hotel. | bellhop ベルボーイ ⊙ |
| **EARL** | : Oh, fine. I always wanted to look like a bellhop! | Oh fine おや, (それは)すばらしいね ⊙ |
| **LOUISE** | : But Charles, why do you have to bring him on here? | bring on 連れてくる |
| **CHARLES** | : There's always a place at the plant for a boy like that. | |
| **LOUISE** | : But what are we going to do about him socially? | |
| **EARL** | : That's easy. We can all leave town. | |
| **CHARLES** | : Well, you people don't have to take him up socially. He just wants to work and get ahead, that's all. | you people 君たち<br>don't have to 〜する必要はない ⊙<br>get ahead 出世する |
| **BUTLER** | : A young man by the name of Eastman. | by the name of 〜という名前の |
| **CHARLES** | : Show him in, William. | show in 中に入ってもらう |
| **LOUISE** | : Charles, sometimes I think you're in your second childhood. | in your second childhood ⊙ |
| **GEORGE** | : Good evening, sir. | |
| **CHARLES** | : Hi, George. This is my wife. | This is ⊙ |
| **GEORGE** | : How do you do? | |
| **CHARLES** | : My daughter, Marcia. | |
| **GEORGE** | : How do you do? | |
| **CHARLES** | : My son, Earl. George Eastman. | |
| **LOUISE** | : Sit down, George. | |
| **GEORGE** | : Thank you. | |
| **CHARLES** | : Like a cocktail? Drink? | |
| **GEORGE** | : No, thank you. | |
| **LOUISE** | : My husband tells me he met you in Chicago. That you were working at a hotel there. | |

24

| | | |
|---|---|---|
| ルイーズ | : | ジョージ・イーストマン？　エイサの息子ということですか？ |
| チャールズ | : | その通り。シカゴでばったり会ったんだ。 |
| マーシャ | : | 祈りの言葉で私たちを導くつもりかしら？ |
| チャールズ | : | いや、彼はエイサや妻とは全く違うよ。彼はとても寡黙で感じがいいんだ。学はないが、野心はある。それに驚くほどアールに似ているんだ。 |
| アール | : | 仕事は何を？ |
| チャールズ | : | 私のホテルでベルボーイをしているよ。 |
| アール | : | おお、いいね。僕はいつもベルボーイみたいに見られたいと思ってたんだ。 |
| ルイーズ | : | でもチャールズ、どうして彼をここに連れて来ないといけなかったんですか？ |
| チャールズ | : | 工場にはいつだって彼のような若者が働く場所があるよ。 |
| ルイーズ | : | でも社交的に付き合うには、彼をどのように扱えばいいのかしら。 |
| アール | : | 簡単さ。僕らみんな町を出ればいいんじゃない。 |
| チャールズ | : | やれやれ、社交面で彼をどうこうしようと思わなくてもいいよ。彼は単に働いて出世したいと思っている、ただそれだけだ。 |
| 執事 | : | イーストマンという名前の青年がお見えです。 |
| チャールズ | : | 中に入ってもらいなさい、ウィリアム。 |
| ルイーズ | : | チャールズ、あなたは時々、子どもに返ってしまうようね。 |
| ジョージ | : | こんばんは。 |
| チャールズ | : | ああ、やあ、ジョージ。妻だ。 |
| ジョージ | : | はじめまして。 |
| チャールズ | : | 娘のマーシャだ。 |
| ジョージ | : | はじめまして。 |
| チャールズ | : | 息子のアールだ。ジョージ・イーストマン。 |
| ルイーズ | : | お掛けなさい、ジョージ。 |
| ジョージ | : | ありがとうございます。 |
| チャールズ | : | カクテルはどう、飲むかい？ |
| ジョージ | : | いいえ、結構です。 |
| ルイーズ | : | 主人の話では、あなたとシカゴで会ったそうですね。あなたがそこのホテルで働いていたと。 |

■ Chicago
アメリカのイリノイ州にある中西部最大の都市。人口は約270万人。

■ Not much education
= He doesn't have much education.

■ What's he do
= What does he do? 俗語的な用法。

■ bellhop
= bellboy

■ Oh, fine.
続くアールの発話からもわかるように、字義通りの意味ではない。上流階級のアールが皮肉を込めている。
= Oh, great. /That's just great. /That's just swell. /How wonderful! /That's wonderful.

■ don't have to
must not の場合は「～してはならない」と禁止する表現であるのに対し、don't have to は不必要であることを示す。

■ in your second childhood
in one's second childhood で第二の幼年期・老年期に入ってっていう意味。場合によっては侮蔑的に耄碌してという意味も含まれる。ここでは子どもっぽいところがあるという程度の意味。

■ This is
人を紹介する時に使う。人を紹介する時に使う。続く娘と息子の紹介時には This is が省略。正式には This is my daughter, Marcia. /This is my son, Earl.

| | | |
|---|---|---|
| **GEORGE** | : Yes, that's right. | |
| **LOUISE** | : You must have left there very suddenly. | must have left ⊙ |
| **GEORGE** | : Well, you see, I, I quit my job. Mr. Eastman was good enough to say that if, if I came through here, perhaps he might be able to find some, some place for me at the mills. | quit やめる<br>be good enough to 親切にも〜する<br>perhaps たぶん ⊙<br>mill 織物などの工場 |
| **CHARLES** | : I think we can work something out along that line. What do you think, Earl? | work out 何とか解決する, 考えだす, 調整する |
| **EARL** | : Have you ever done any bookkeeping? Typewriting? Stenography? | bookkeeping 簿記<br>typewriting タイプライターを打つこと<br>stenography 速記 |
| **GEORGE** | : No. | |
| **CHARLES** | : You see Earl at the plant in the morning. | |
| **GEORGE** | : Thank you, sir. That's very kind of you. | That's very kind of you ⊙ |
| **LOUISE** | : And your mother? I trust she's well. We've never met, you know, but I've heard her mentioned from time to time. And she wrote Charles such a moving letter at the time of your father's death. Is she still active in her, her religious work? | I trust 確信している, 願っている, 信じている<br>you know ご存じの通り ⊙<br>mention 〜について話す, 言及する<br>from time to time 時折<br>moving 感動的な ⊙<br>religious 宗教の |
| **GEORGE** | : Yes, ma'am, she is. | |
| **MARCIA** | : Church work? | Church work ⊙ |
| **GEORGE** | : Not exactly. It's more like, like social work. It's a mission. | Not exactly 少し違う<br>mission 布教活動, 伝道活動 |
| **MARCIA** | : Oh, like the Salvation Army? | Salvation Army ⊙ |
| **GEORGE** | : No, it's not like the Salvation Army. It's… well, it's more… | |
| **EARL** | : More intimate, maybe? | intimate 親しい, 公にできない, 私的な, (性的に)親密な |
| **ANGELA** | : Did I hear you say you were getting intimate, Earl, darling? | Did I hear 〜って言いましたか<br>darling 親愛の情を表す呼びかけ ⊙ |
| **EARL** | : Why, you're late, Vickers. | Why ⊙ |
| **ANGELA** | : Course, I'm always late. It's part of my charm. Good evening, Mr. Eastman, Mrs. Eastman. | Course ⊙ |

26

| | |
|---|---|
| ジョージ | ：はい、その通りです。 |
| ルイーズ | ：ほんとに突然、そこを離れることになったんでしょうね。 |
| ジョージ | ：ええ、あの、僕、僕は仕事を辞めたんです。イーストマンさんが親切にもおっしゃってくださって、こちらに来れば、ひょっとしたら工場で何か、何か仕事を見つけてくださると。 |
| チャールズ | ：ああ、その線で何とか調整できるかと思うんだが。どう思う、アール？ |
| アール | ：簿記の経験はある？　タイプライターは？　速記は？ |
| ジョージ | ：ありません。 |
| チャールズ | ：午前中に工場へ行き、アールに会いなさい。 |
| ジョージ | ：ありがとうございます。本当に親切にしてくださって。 |
| ルイーズ | ：それであなたのお母様は？　お元気になさっているでしょうね。お目にかかったことはないでしょ。でも時々、話題になるのを聞いているの。それで、あなたのお父様がお亡くなりになった時に、お母様はチャールズにとても感動的なお手紙を書いてくださったわ。お母様は今でも精力的に、あの…宗教活動されているのかしら？ |
| ジョージ | ：はい、そうです。 |
| マーシャ | ：教会のお仕事？ |
| ジョージ | ：厳密に言うとちょっと違うんです。むしろ、社会活動のようなもので。布教活動なんです。 |
| マーシャ | ：あら、救世軍のようなものかしら？ |
| ジョージ | ：いいえ、救世軍のようなものではないんです。それは…ええと、もっと… |
| アール | ：もっと個人的なものかもしれないね？ |
| アンジェラ | ：あなたが誰かと親密になっているですって、ねえアール？ |
| アール | ：おや、遅かったね、ヴィッカーズ。 |
| アンジェラ | ：もちろん、私はいつも遅れてくるわ。それも私の魅力のひとつなの。こんばんは、イーストマンさん、イーストマン夫人。 |

■ must have left
「must + have + 過去分詞」で、「～したに違いない」の意味。「should + have + 過去分詞」の場合は「～すべきだったのに」となる。

■ perhaps
確率的に低い場合や、遠慮がちにあるいは丁寧に話す場合に使う。Probably は確実性がより高い場合に使う。

■ That's very kind of you
お礼を言う時の表現。前置詞の of は、後に続く人の性質を表す場合に使う。

■ you know
文頭や文末につけて、相手に念押しをしたり、同意を求めるときに使う。

■ moving
= touching

■ Church work?
Do you mean ~ (～ということですか) が省略。

■ Salvation Army
救世軍。イギリスに本部を置いており、現在、世界126の国と地域で活動する国際的なキリスト教（プロテスタント）の団体。

■ darling
「あなた、おまえ」などの意味。夫婦間、恋人同士、家族（親が子に対して）の間で男女を問わず、呼びかける時に用いられる。

■ Why
「おや、あら」というような驚きを表す間投詞のひとつである。

■ Course
Of course の of が省略。

| | | |
|---|---|---|
| **CHARLES** | : Hello. | |
| **LOUISE** | : Hello, dear. | dear 親愛の情を表す呼びかけ |
| **ANGELA** | : Oh, you know Tom Tipton, don't you? | don't you ⊙ |
| **CHARLES** | : Hello. | |
| **ANGELA** | : Don't let him have a drink. We haven't got time. | have a drink 一杯飲む,一杯やる<br>haven't got ⊙ |
| **TOM** | : Thanks. | |
| **EARL** | : Well, I'm ready. | be ready 準備ができている |
| **TOM** | : I'm ready, too. | |
| **ANGELA** | : Men are so disgustingly prompt! I think they do it just to put us women in a bad light. Don't you think so, Mrs. Eastman? | disgustingly うんざりするほど<br>prompt 時間に正確な,時間を守る<br>put in a bad light 見方を不利なものにする ⊙<br>Don't you think so そう思いませんか |
| **CHARLES** | : I hear your place at the lake is coming along fine. | I hear ～と聞いている<br>place ⊙<br>come along でき上がる |
| **ANGELA** | : Oh, did Marcia tell you? It's a dream palace. I'm going to end my days there. | end one's days 一生を終える生涯を終える |
| **LOUISE** | : Will it be ready for summer? | |
| **ANGELA** | : Even if I have to stand over everyone with a whip! | even if たとえ～だとしても ⊙<br>stand over 監督する,見張る<br>whip 鞭 |
| **EARL** | : All right, Simone Legree. Let's go. Goodnight, Eastman. | Simon Legree ⊙ |
| **GEORGE** | : Oh, good night. | |
| **ANGELA** | : Bye-bye! | |
| **LOUISE** | : Bye. | |
| **CHARLES** | : Have you made any arrangements to stay in town? | arrangement 手配 ⊙ |
| **LOUISE** | : If you haven't, I can recommend a very quiet, little rooming house. A former secretary of mine used to stay there. | recommend 推薦する,勧める ⊙<br>rooming house 下宿屋,ワンルームの部屋<br>former 前の,以前の<br>used to ～したものだった ⊙ |
| **GEORGE** | : Thanks. I, I found a place this afternoon. | |
| **LOUISE** | : Well, that was fortunate, wasn't it? Thank you. I'm sorry we aren't going to be home for dinner. But some other time perhaps. | fortunate 幸運な,幸先の良い |

| | |
|---|---|
| チャールズ | ：こんばんは。 |
| ルイーズ | ：こんばんは。 |
| アンジェラ | ：トム・ティプトンはご存知でしょう。 |
| チャールズ | ：やあ。 |
| アンジェラ | ：彼にお酒を出さないでね。私たち時間がないの。 |
| トム | ：ありがとう。 |
| アール | ：それじゃあ、僕の方は準備できているよ。 |
| トム | ：僕もいいよ。 |
| アンジェラ | ：男の人ってうんざりするくらいせかせかしてるのよ！　私たち女性を不利に見せるためにそうしているんだと思うわ。そう思いませんこと、イーストマン夫人？ |
| チャールズ | ：湖畔の別荘は順調だと聞いているよ。 |
| アンジェラ | ：あら、マーシャが言ったのかしら？　夢の宮殿なんです。私はそこで生涯を終えたいと思っていますの。 |
| ルイーズ | ：夏には準備が整っているのかしら？ |
| アンジェラ | ：鞭を持ってみんなを見張らないといけないとしても！ |
| アール | ：もういいだろう、サイモン・レグリー。さあ行こう。イーストマン、おやすみ。 |
| ジョージ | ：ああ、おやすみなさい。 |
| アンジェラ | ：じゃあ、さよなら。 |
| ルイーズ | ：さよなら。 |
| チャールズ | ：もう町で住むところの手配はしたのかね？ |
| ルイーズ | ：もしまだなら、とっても静かでこじんまりした下宿屋を紹介しますわ。私どもの前の秘書が住んでいたところですの。 |
| ジョージ | ：ありがとうございます。僕は、今日の午後住む場所を見つけました。 |
| ルイーズ | ：そう、それは幸先がよかったわね？　ありがとう。ごめんなさい。家で一緒に食事できなくて。でも別の機会にね。 |

■ don't you
付加疑問。「〜ですよね」と相手に同意を求めたり、確認や念押ししたりする際に用いる。文が肯定の場合は否定の付加疑問を、否定の場合は肯定の付加疑問を使う。

■ haven't got
= don't have
「have got」で「持っている」、「所有している」という意味。過去を表す場合はhadを用いる。

■ put in a bad light
「put 〜 in a favorable light」だと「〜を有利な立場に置く」となる。形容詞部分が異なる派生表現が多い。「put 〜 in a whole new light」では「〜について全く新しい見方をする」。

■ place
アンジェラの別荘を指してplaceと言っている。物語後半で事件が起きる場所が、ここで初めて言及される。

■ even if
仮定の話をする際、可能性の低いことに言及する際に用いる。

■ Simon Legree
ストウ夫人の『アンクル・トムの小屋』(Uncle Tom's Cabin)に出てくる人物。黒人奴隷トムの不幸な半生を描いた小説で、1852年に出版されベストセラーとなった。アンジェラを、鞭を持つ冷酷な奴隷商人にたとえている。

■ arrangement
「make arrangements」で「手配をする」。
ex. We have to make arrangements for the party.（パーティーの準備をしなければならない）

■ recommend
recommendの後にthat節が続く場合、that節の中は仮定法現在（動詞の原形）が用いられる。
ex. I recommended that they stay in England for another week.（もう一週間、イギリスに滞在することをすすめた）

■ used to
used toの後は動詞の原形を用いる。「慣れる」という意味の「be used to 〜ing」との混同に注意。

| | | |
|---|---|---|
| **CHARLES** | : Yes, my boy. You see Earl in the morning. Good night. | |
| **GEORGE** | : Good night, sir. Good night. | |
| **LOUISE** | : Good night. Charles Eastman! | |

*INT. EASTMAN COMPANY OFFICE – DAY – Earl guides George around the company.*

| | |
|---|---|
| **EARL** | : You've got to be aware every minute, whatever your job is, that you're an Eastman. And you're expected to act accordingly. |
| **GEORGE** | : Yeah, I understand that. |
| **EARL** | : I hope so. We'll go through here. |
| **EARL** | : Oh, another thing. As you probably noticed, nine out of ten Eastman employees are women. And there's a company rule against any of us mixing socially with the girls who work here. My father asked me to particularly call this to your attention. That is a must. |
| | : Oh, Mrs. Harper. This is George Eastman. Will you take George along to Mr. Whiting, please? |
| **HARPER** | : Yes, sir. |

*INT. FACTORY – DAY – The plant manager introduces George to MRS. KOVAK, who is in charge of many women folding swimsuits into boxes which get sent down a conveyor.*

| | |
|---|---|
| **WHITING** | : Mrs. Kovak. |
| **KOVAK** | : Yes? |
| **WHITING** | : This is George Eastman. He's gonna work here for a while. |
| **KOVAK** | : OK. This is it. |
| | : Now you're in business. |

*INT. GEORGE'S BOARDING HOUSE – NIGHT – George writes down his ideas about how to improve efficiency at the plant.*

30

**チャールズ**　：そうだね。朝アールのところに行きなさい。おやすみ。

**ジョージ**　：おやすみなさい。おやすみなさい。

**ルイーズ**　：おやすみなさい。チャールズ・イーストマン！

屋内－イーストマン社オフィス－昼－アールがジョージを案内している。

**アール**　：常に肝に銘じておいてくれ、君の仕事がどんなものであるとしても、君がイーストマン家の一員だということを。だから、それ相応に振る舞うことが求められているんだ。

**ジョージ**　：ええ、わかります。

**アール**　：そう願ってるよ。ここを通って行こう。

**アール**　：ああ、もうひとつ。君も気づいたかもしれないけど、イーストマン社の従業員の9割は女性なんだ。だから会社の規則があって、僕らはみんな、ここで働く女性との交際が禁じられているんだ。親父に頼まれたんだけど、特にこの点に君の注意を促してほしいと。これは絶対だ。

　　　　　：ああ、ハーパーさん、ジョージ・イーストマンだ。ジョージをホワイティングさんのところに連れて行ってくれるかい？

**ハーパー夫人**：かしこまりました。

屋内－工場－昼－工場のマネージャーがジョージをコバック夫人に紹介する。彼女は水着を折りたたんで、それをコンベア上の箱に入れる作業をする多くの女性たちの指揮監督をしている。

**ホワイティング**：コバックさん。

**コバック夫人**：はい？

**ホワイティング**：こちらがジョージ・イーストマンだ。ここでしばらく働くことになる。

**コバック夫人**：わかりました。これでいいわ。

　　　　　：これであなたは準備万端ね。

屋内－ジョージの下宿先－夜－ジョージが工場の生産性を高める方法についての考えを書き留めている。

■ You've got to
= You have to（～しなければならない）
ex. We have got to believe in ourselves.（われわれは自分自身を信じなければならない）

■ be aware
that 節が続く場合もある。
ex. I am aware that something has changed.（何かが変わったことに気づいている）

■ nine out of ten
「10のうちの9」ということ。「9割」、「90％」、「ほぼ」という意味。

■ employee
employ は雇うという意味。被雇用者がemployee、雇用者は employer である。同義語に hire（雇用する）、反意語に fire（解雇する）などがある。

■ a must
ex. It is a must.（それはやるべきである）
This textbook is a must for teachers.（このテキストは教員必携の書です）

■ Will you..., please?
より丁寧に依頼したい場合の表現。

■ gonna
going to を発話する際のインフォーマルな表現。
ex. That isn't gonna be easy.（それは簡単には済まない）

■ This is it
「これがそうです」という意味の決まり文句。「いよいよ来るぞ、さあいよいよだ」のような意味で用いられることもある。

*EXT. EASTMAN RESIDENCE – NIGHT – As George stands outside the gates, Angela drives inside honking her horn. Some people greet her.*

| | |
|---|---|
| **WOMAN** | : Hello, Angela. |
| **ANGELA** | : Hello. |
| **MAN** | : Hi, Angela. |
| **ANGELA** | : Hello. |

RESIDENCE　家、住居

honk her horn　クラクションを鳴らす

## 原作者セオドア・ドライサーについて

　『アメリカの悲劇』は、セオドア・ドライサー (Theodore Dreiser) の代表作である。ドライサーは、「社会派小説」を確立し、アメリカ小説の新しい方向を示したことで知られ、20世紀アメリカ作家の中でも屈指の存在と認められている。

　ドライサーは、1871年にアメリカ中西部インディアナ州の田舎町に、ドイツ系移民の子として、子だくさんの貧困家庭に生まれ育つ。1887年、16歳でシカゴに出て就職。翌年、高校時代の恩師の援助でインディアナ大学に入学するも、1年で中退。転職を重ねたのち新聞記者になり、各地を転々とし、ニューヨークへ。そこで友人の勧めで短編小説を書き始める。

　1900年に最初の長編小説『シスター・キャリー』が完成する。貧しい田舎娘がシカゴに出て、都会の華やかな物質文明の魅力にとりつかれたあげく、つぎつぎに2人の男性と同棲生活を送り、やがてニューヨークで女優として成功するまでの過程をたどる作品である。しかし、当時の規範からするとその内容があまりにも不道徳であるとの理由で、出版直前になって発禁に近い扱いを受けたという。

　挫折を味わったドライサーは、その後長い不遇時代を送り、第二作『ジェニー・ゲアハート』(1911年) まで10年あまりにわたって小説を発表しなかった。その後『アメリカの悲劇』(1925年) が

屋外－イーストマンの邸宅－夜－ジョージが門の外に立つと、アンジェラがクラクションを鳴らしながら車で入っていく。数人が彼女に挨拶をする。

**女性**　　　：こんばんは、アンジェラ。
**アンジェラ**：こんばんは。
**男性**　　　：こんばんは、アンジェラ。
**アンジェラ**：こんばんは。

■ residence
特に大きな家や官邸、公邸を指す。
ex. the ambassador's residence(大使公邸)
「a residence permit」では居住許可証の意。また、「be in residence」で(要職にある人が)特定の時期にある場所に住むことを示す。
ex. The queen was in residence at her summer palace.(女王は夏の宮殿に滞在した)

写真：ウィキペディア

　好評を博し、これにより20世紀アメリカ・リアリズム文学の代表的作家の地位を不動のものにする。ドライサーは、自らの経験を土台として、現実の事件に取材し、抑圧された庶民の生活を徹底した社会的リアリズムで描く。
　1930年代以降は、第二次世界大戦終結後間もない1945年に亡くなるまで、共産党系の社会的活動と哲学的著作活動に専念した。

　　　　　　　　　　　長岡　亜生(福井県立大学准教授)

# Falling for Two Girls

*INT. MOVIE THEATER – NIGHT – George buys a ticket and goes into the theater to watch the film "NOW AND FOREVER." By coincidence, he finds some empty seats next to ALICE TRIPP, the woman from the factory who always stares at George.*

| | |
|---|---|
| **ACTRESS** | : Look, this room could be your study. There's even an old cupboard for your books. |
| **ACTOR** | : Whatever else is in it, it isn't books! Who lived here? |
| **ACTRESS** | : Probably a pirate in search of his soul. |
| **ACTOR** | : Do you think he found it? |
| **ACTRESS** | : Do you think we could find out? |
| **ACTOR** | : Vicky... |
| **ACTRESS** | : What? |
| **ACTOR** | : Do you really think we could be happy here, perhaps never seeing anyone again? |
| **ALICE** | : Small world. |
| **MAN** | : That's what you think. |
| **ACTRESS** | : Put your arms around me. Imagine the sea at night. |
| **GEORGE** | : Who's your friend? |
| **ACTRESS** | : Our faces close together. Hold me, Ray. |
| **ACTOR** | : When I feel all close to you like this, all our lies come true. Nothing can ever spoil them again. |

*EXT. DOWNTOWN – NIGHT – George walks Alice home from the theater.*

| | |
|---|---|
| **ALICE** | : You know what the girls would say if they saw me walking along like this with you? |

**NOW AND FOREVER** ↻

By coincidence 偶然に
empty 誰もいない
stare at 〜をじっと見つめる

study 書斎
cupboard 戸棚

Whatever else ほかのどんなものが〜でも ↻

in search of 〜を探し求めて
soul 魂

Do you really think ↻

That's what you think ↻

like this こんなふうに

walk （人を）送って行く

You know what...with you ↻
walk along ↻

34

*A Place in the Sun*

# 2人の女性への思い

DVD　00:11:59
□□□□□□

屋内－映画館－夜－ジョージはチケットを購入して館内に入り、映画『久遠の誓い』を鑑賞する。偶然、彼はアリス・トリップの隣に空席がいくつかあることに気づく。同じ工場で働く、いつもジョージを見つめている女性である。

**女優**　　：見て、ここはあなたの書斎になりそうよ。あなたの本を入れる古い戸棚さえあるわ。

**男優**　　：ああ、ほかに何があるにしろ、本じゃない！誰がここに住んでいたんだい？

**女優**　　：自分の魂を探し求める海賊だったかもしれない。

**男優**　　：彼は見つけたと思うかい？

**女優**　　：私たちは見つけ出せると思う？

**男優**　　：ヴィッキー…

**女優**　　：なあに？

**男優**　　：君は僕らがここで幸せになれると、本当に思うかい、誰にも二度と会うこともなく？

**アリス**　：世の中って狭いわね。

**男性**　　：それはどうかな。

**女優**　　：私を抱きしめて。私が夜に海岸にいるのを思い浮かべてみて。

**ジョージ**：そこにいるのは君の友達かい？

**女優**　　：顔がぴったり寄り添っているわね。抱いて、レイ。

**男優**　　：こんなふうに近くで君を感じると、僕らのすべての偽りが真実に変わっていくよ。何ものもそれを二度と台無しにすることなんてできないよ。

屋外－繁華街－夜－ジョージは、アリスを映画館から自宅まで歩いて送って行く。

**アリス**　：あなたとこうやって並んで歩いているところを見られたら、女の子たちは何て言うかしら。

■ **Now and Forever**
ジョージがアリスと観ている映画のタイトル。この映画内においてだけ存在する架空の映画。「今」と「永遠」という語を用いているが、一般的な解釈では、この映画で、身分的にも対照的な恋愛相手ということで、対置されている2つの恋愛を暗示。ジョージのアリスへの一時的な恋愛と、ジョージのアンジェラへの永続する恋愛である。

■ **Whatever else**
複合関係代名詞であり、先行詞が含まれる。ex. Do whatever it takes to win.（勝つためにはどんなことでもしなさい）

■ **Do you really think...?**
相手の発話内容に関して「あなたは本当にそう思うのか」と確認をする表現。

■ **That's what you think**
相手の発話に対して、それはあなたの考えに過ぎない、事実はそうではないという含みを持つ表現。ここでのwhatは先行詞を含む関係代名詞。

■ **You know what... with you?**
文頭のDoが省略された疑問文。do you know... に続くので、それ以降はwhat the girls...would sayと平叙文の語順となる。助動詞の過去形とifで始まる副詞節に動詞の過去形を用いた仮定法過去の文で、「もし～なら、～でしょう」という意味。

■ **walk along**
alongには、「並んで」のニュアンスがある。また come, go, walk などの動作動詞と結びついて、その動作を強調することもある。

35

| | | |
|---|---|---|
| **ALICE** | : | They'd say I was making up to the boss' nephew. |
| **GEORGE** | : | That's silly. I'm in the same boat as the rest of you. |
| **ALICE** | : | If you're an Eastman, you're not in the same boat with anyone. |
| **GEORGE** | : | Well, I work along with you, don't I? |
| **ALICE** | : | Oh, sure. And pretty soon they'll move you up to a better job, and first thing you know, you'll find yourself in the front office. That's the last we'll ever see of Mr. George Eastman. |
| **GEORGE** | : | Who says that? |
| **ALICE** | : | Everybody. Everybody knows they put you in with us to learn the business. |
| **GEORGE** | : | I wouldn't be too sure of that. |

*EXT. ALICE'S BOARDING HOUSE – NIGHT – George walks Alice to her house.*

| | | |
|---|---|---|
| **GEORGE** | : | You lonely all of the time? |
| **ALICE** | : | Not on weekdays. |
| **GEORGE** | : | How come? |
| **ALICE** | : | Well, remember I put swimsuits in boxes six days a week? |
| **GEORGE** | : | Yeah. What about Sundays? Maybe then you put yourself in a swimsuit. |
| **ALICE** | : | Not me. |
| **GEORGE** | : | Why? You don't look good in a swimsuit? |
| **ALICE** | : | Sure I do. I can't swim. |
| **GEORGE** | : | You're kidding! |
| **ALICE** | : | I never learned. I, I was even scared of the duck pond when I was a kid. We live on a farm, a small one. |
| **GEORGE** | : | How come you came here? |
| **ALICE** | : | We were poor. We needed the money. I came down here and got a job. |
| **GEORGE** | : | I'm glad. |

make up to ～に取り入る, へつらう
boss 上司, 社長
silly ばかな, 愚かな
rest of you その他の人びと, 他のみんな
be in the same boat 境遇, 運命などを共にする, 同じ境遇である
work along with ～といっしょに働く
sure ○
pretty soon もうすぐ, そのうち ○
move up 人を昇進させる
first thing you know ふと気がつくと, いつの間にか, いきなり
you'll find yourself in... ○
front office （会社や組織の）本部
that's the last... ○
put...in （人を）職に就かせる, 配置する
learn the business 商売を教わる, 仕事を覚える
I wouldn't be too sure of that ○

you lonely 寂しいですか ○
all of the time いつでも, 常にずっと
on weekdays 平日に（は）
How come? どうして?
remember 覚えている
put swimsuits in boxes 水着を箱詰めする
six days a week 週に6日
what about...? ○
put yourself in a swimsuit ○

look good in a swimsuit 水着が似合う
Sure I do もちろんそうです ○
You're kidding? ○
I never learned ○
be scared of ～を恐れる
duck pond アヒル, カモの池 ○
when I was a kid 子どものころ
farm 農場
how come ○

down here
get a job 就職する
I'm glad うれしい, うれしく思う

| | | |
|---|---|---|
| アリス | ： | 私が社長の甥っ子に言い寄ってる、って言うでしょうね。 |
| ジョージ | ： | そんなばかな。僕はみんなと同じ立場だよ。 |
| アリス | ： | イーストマン家の人なんだから、あなたは別格よ。 |
| ジョージ | ： | だって、君たちと一緒に仕事してるじゃないか。 |
| アリス | ： | それはそうよ。でもじきにあなたは昇進するわ。そしてあっという間に会社本部に異動ね。そしたら、もう私たちは、ジョージ・イーストマンさんとはお別れ。 |
| ジョージ | ： | 誰がそんなこと言ってるんだい。 |
| アリス | ： | みんなよ。仕事を覚えるために、うちの部署に入れられたってことは、みんな知ってるわ。 |
| ジョージ | ： | それはどうかな。 |

屋外-アリスの下宿-夜-ジョージは、アリスを家の前まで送る。

| | | |
|---|---|---|
| ジョージ | ： | いつも寂しくない？ |
| アリス | ： | 平日は平気よ。 |
| ジョージ | ： | どうして？ |
| アリス | ： | だって、週に6日は水着を箱詰めしてるでしょう？ |
| ジョージ | ： | そうだね、じゃあ日曜は？　君が水着を着てみるとか。 |
| アリス | ： | それはだめよ。 |
| ジョージ | ： | どうして？　水着似合わないの？ |
| アリス | ： | もちろん似合うわよ。泳げないの。 |
| ジョージ | ： | 冗談だろ！ |
| アリス | ： | 機会がなくて。私、子どもの頃はアヒルの池でも怖かったわ。うちは農場なの。小さなね。 |
| ジョージ | ： | どうしてここに来たの？ |
| アリス | ： | 家が貧しいの。お金が必要で。それでここに来て、仕事を見つけたの。 |
| ジョージ | ： | それはよかった。 |

■ sure
くだけた言い方で、「(質問・依頼を受けて) もちろん、いいよ」の意。

■ pretty soon
pretty は、略式の言い方で、形容詞、副詞の前に置かれ、「かなり、相当、とても」の意味。very よりも意味が弱い。

■ you'll find yourself in...
「find oneself in/with ~」で「(気がつくと) ある場所・状態にある・いる」の意味。

■ that's the last...
「see the last of ~」で、「~の見納めをする」、「~を見ることはもうない」、「(人) に会うことはもうない」の意味。

■ I wouldn't be too sure of that
「be sure of」は「~を確信して」の意味。仮定法の would を用いることで、断定を避ける控えめな表現になっている。

■ you lonely
文頭の Are が省略されたもの。lonely は、「ひとりぼっちの、寂しい」の意味。

■ remember
前に Do you が省略されている。

■ what about...?
勧誘・提案を示す一般的な表現。ここでは、情報・意見を求めて「~ (について) はどうですか」と言っている。

■ put yourself in a swimsuit
「自分を水着に入れる、詰め込む」という直訳から、「水着を着る」の意味になる。アリスの I put swimsuits in boxes... という言葉を受けて、このように表現している。

■ Sure I do
= Sure I look good in a swimsuit

■ You're kidding?
「冗談でしょう、まさか」という決まり文句 (主にアメリカ用法)。

■ I never learned
= I never learned to swim
learn to swim で「泳げるようになる、教わる、水泳を覚える」の意味。

■ duck pond
duck は、野生のものを指す場合は「カモ」、家禽を指す場合は「アヒル」と訳す。ここでは、「浅い池」を意味する。

■ how come
「どうして~?」を意味する略式の言い方。Why? よりもカジュアルな表現。Why とは異なり、後にくる主語、動詞は平叙文の語順でよい。単独で用いる用法は p.36 を参照。

■ down here
down は方角「南へ」「下に」というニュアンスがある。

| | | |
|---|---|---|
| **ALICE** | : Me, too. This is it, where I live. It's 44 33 and a half Elm Avenue. | 44 33 and a half Elm Avenue ⟳ |
| **GEORGE** | : I'll walk you to the door. | |
| **ALICE** | : Oh, I, I can manage from here. I... I have my own private entrance. Good night. My landlady is fierce. | manage　なんとか～する ⟳<br>my own private entrance　専用の玄関<br>landlady　家主, 大家（女性）<br>fierce　厳しい ⟳ |
| **GEORGE** | : I've been wanting to do that for so long. | I've been...to do that for so long ⟳<br>for so long　長い間 |
| **ALICE** | : I did, too. | |
| **GEORGE** | : Will we see each other again like this? | |
| **ALICE** | : If you want. | |
| **GEORGE** | : When? | |
| **ALICE** | : It's up to you. You gotta be careful. | it's up to you　あなた次第です<br>you gotta be careful　気をつけなければなりません ⟳ |
| **GEORGE** | : We can meet like tonight. Tonight has been wonderful! | |
| **ALICE** | : I'd better go in now. | I'd better go in now　もう（家に）入らないと ⟳ |
| **GEORGE** | : Don't go. Please don't go. Good night. | |

*EXT. EASTMAN COMPANY – DAY – George and Alice clock their time cards and walk out of the company after work.*

clock time cards　～を記録器に記録する, タイムカードを通す
after work　勤務後, 仕事の後

| | | |
|---|---|---|
| **ALICE** | : I was looking over at you today. | look over at　～の方を見る |
| **GEORGE** | : I was looking over at you. | |
| **ALICE** | : Not as much as you usually do. | not as much...usually do ⟳ |
| **GEORGE** | : Well, I, I was busy thinking about my speed-up plan. | busy ...ing　～するのに忙しい<br>speed-up plan　高速化, 能率促進, 生産性向上のための計画書 |
| **ALICE** | : What's the matter? Don't we work fast enough as it is? | what's the matter ⟳<br>fast enough as it is ⟳ |
| **MAN 1** | : Hi, beautiful. | beautiful　きれいなお嬢さん ⟳ |
| **MAN 2** | : Hello, Angela. | |
| **ANGELA** | : Hello. | |

*INT. RESTAURANT – NIGHT – George and Alice chat while having some drinks.*

chat　おしゃべりをする
while having some drinks　酒を飲みながら ⟳

| | | |
|---|---|---|
| **ALICE** | : George, I'm glad you're still in the packaging room. And not just for my sake, honest. | packaging room　包装室, 梱包室 ⟳<br>for one's sake　～の（利益の）ために<br>honest　本当に, うそじゃなく ⟳ |

*A Place in the Sun*

| | | |
|---|---|---|
| アリス | : | そうね。ここなの、私の住んでるところ。エルム通り 4433 1/2 番地。 |
| ジョージ | : | 玄関まで送るよ。 |
| アリス | : | あ、でもここで大丈夫。私…私専用の玄関があるから。おやすみなさい。うちの大家さんは厳しいの。 |
| ジョージ | : | 早くこうしたかった。 |
| アリス | : | 私もよ。 |
| ジョージ | : | こんなふうにまた会える？ |
| アリス | : | あなたさえよかったら。 |
| ジョージ | : | いつ？ |
| アリス | : | 任せるわ。でもあなたは気をつけないと。 |
| ジョージ | : | 僕たち今夜みたいに会えるよ。ああ、今夜は最高だった！ |
| アリス | : | もう中に入らないと。 |
| ジョージ | : | 行かないで。お願いだから。おやすみ。 |

屋外－イーストマン社－昼－ジョージとアリスは、終業後タイムカードを通して、会社を出る。

| | | |
|---|---|---|
| アリス | : | きょうあなたのほうを見ていたのよ。 |
| ジョージ | : | 僕も君のほうを見ていたよ。 |
| アリス | : | いつもほどじゃなかったけど。 |
| ジョージ | : | 僕、生産スピードを上げる計画のことで頭がいっぱいだったんだ。 |
| アリス | : | どうかしたの？ 今のままで十分仕事速くない？ |
| 男1 | : | やあ、お嬢さん。 |
| 男2 | : | アンジェラ、こんにちは。 |
| アンジェラ | : | こんにちは。 |

屋内－レストラン－夜－ジョージとアリスはお酒を飲みながら話をする。

| | | |
|---|---|---|
| アリス | : | ジョージ、あなたがまだ包装室にいてくれて、うれしいわ。私のためだけじゃないの。本当よ。 |

■ 44 33 and a half Elm Avenue
4433 1/2（2 分の 1）アメリカ独自の番地の言い方。DVD のチャプター 4 の冒頭で画面に番地のプレートが登場する。

■ manage
can/could を伴って、人がうまくやっていく、なんとかやっていく
ex. Can I help you?--That's all right. I can manage.（何か手伝いましょうか？－大丈夫です、なんとかできますから）

■ fierce
（人・気性などが）どう猛な、（感情・批判などが）厳しい、激しい

■ I've been...to do that for so long
「ずっとこうしたかったんだ」の意味。that は直前の動作を指す。このセリフの前に 2 人はキスをしている。

■ you gotta be careful
= You've got to (have to) be careful
gotta = (have/has) got to (do)
省略形で、「～しなければならない」の意味。主にアメリカの口語的な言い方では、have/has が短縮されるうちに脱落してgot to となり、発音通りに gotta と記される。

■ I'd better go in now
I'd better = I had better
「had better ＋動詞の原形」 → p.21

■ not as much...usually do
「not as much A as B」は「B ほど A でない」の意味。

■ What's the matter?
ここでは、（とがめて、怒りを表して）「どうかしているよ」、「（これで）構わないじゃないか」という意味で用いられている。what's wrong も同様。

■ fast enough as it is
「今のままで（仕事が）十分速い」「as it is」は、「今のままで、そのままで」の意味。

■ beautiful
俗語表現で、男性が女性に対して使う呼びかけ。

■ while having some drinks
drink は、アルコール飲料を指す。have a drink → p.28

■ packaging room
水着を箱詰めする作業を行う部屋

■ honest
ここでは副詞、間投詞的に略式で、「本当に、間違いなく」の意味。

39

| | | |
|---|---|---|
| **ALICE** | : It's better for you than running around with those Eastmans and their bunch and all those rich girls that have nothing to do. | run around with （人）と付き合う ◎<br>those Eastmans イーストマン家の人びと<br>bunch 束, （人の）集まり<br>have nothing to do 何もすることがない |
| **GEORGE** | : Listen, I've only been out to the house once since I got here. | Listen ◎<br>once 一度 |
| **ALICE** | : That's funny. I used to think you went there every night. | That's funny それはおかしい ◎ |
| **GEORGE** | : Don't be silly, honey. | Don't be silly ◎<br>honey ◎ |
| **ALICE** | : George, remember when I said if you're an Eastman, you're not in the same boat with anybody? | be in the same boat → p.36 |
| **GEORGE** | : Yeah. | |
| **ALICE** | : I take it back. | take it back 前言を撤回する |
| **GEORGE** | : Come on. Let's find a quieter place. | Come on さあ ◎ |

*EXT. PARK – NIGHT – George and Alice park up in the car under some trees.*

park up ◎

| | | |
|---|---|---|
| **GEORGE** | : You don't know any other place we can go, do you? | do you? ◎ |
| **ALICE** | : Well, there's a soda fountain on the edge of town where all the high school kids go. | soda fountain ソーダ・ファウンテン, ソーダ水売り場<br>edge 外れ<br>high school kids 高校生たち |
| **GEORGE** | : They're noisy. | |
| **ALICE** | : I don't care as long as I'm with you. | I don't care 気にしない<br>as long as 〜である限りは, 〜する間は |
| **OFFICER** | : What are you doing here? | |
| **GEORGE** | : Talking. | |
| **OFFICER** | : Look here, boy. They've invented the house. It's a very good place to talk in. You'd better get back to yours. Come on. | Look here boy いいかい, 坊や ◎<br>they've invented the house ◎<br>You'd better → p.21 |

*EXT / INT. ALICE'S BOARDING HOUSE – NIGHT – George drives Alice back to her house in the rain. He escorts her to the door.*

in the rain 雨の中を
escort 付き添う, 送り届ける

| | | |
|---|---|---|
| **GEORGE** | : Come on. | |
| **ALICE** | : Good night. | |
| **GEORGE** | : Come on. | |

*A Place in the Sun*

| | | |
|---|---|---|
| **アリス** | : | あなたのためでもあるの。イーストマン家の人たちや、取り巻きの人たち、それに裕福で暇な女性たちと関わり合っているよりいいわよ。 |
| **ジョージ** | : | あのさ、あの家に行ったのは、ここに来てからまだ一度だけだよ。 |
| **アリス** | : | おかしいわね。毎晩のように行ってたんだと思ってたわ。 |
| **ジョージ** | : | ばかだなあ。 |
| **アリス** | : | ジョージ、覚えてる？　イーストマン家の一員だったら、私たちとは別格だって、私言ったでしょ。 |
| **ジョージ** | : | うん。 |
| **アリス** | : | あれ、取り消すわ。 |
| **ジョージ** | : | ねえ、もっと静かなところに行こうよ。 |

屋外－公園－夜－ジョージとアリスは、木の下に駐車した車の中でいちゃついている。

| | | |
|---|---|---|
| **ジョージ** | : | ほかにいい場所知らない？ |
| **アリス** | : | えっと、町外れに、ソーダ・ファウンテンがあるわ。高校生の子たちが集まるようなところ。 |
| **ジョージ** | : | うるさいだろ。 |
| **アリス** | : | あなたと一緒なら、私は気にならないけど。 |
| **警官** | : | ここで何をやってるんだ？ |
| **ジョージ** | : | 話をしてるだけです。 |
| **警官** | : | いいかい、君。今は家というものがあるだろ。話をするにはいい場所だよ。家に帰りなさい。さあ、ほら。 |

屋外／屋内－アリスの下宿－夜－雨の中、ジョージはアリスを家まで車で送っていく。玄関まで一緒に歩いていく。

| | | |
|---|---|---|
| **ジョージ** | : | さあ。 |
| **アリス** | : | おやすみ。 |
| **ジョージ** | : | ああ、ちぇっ。 |

■ **run around with**
= to spend a lot of time with someone, especially someone that other people disapprove of (ほかの人が認めないような誰かと付き合う)

■ **those Eastmans**
「the + 姓（複数形）」で「～家の人びと」の意味になるが、「those + 姓（複数形）」はその変形。

■ **Listen**
命令形で用い、相手の注意を促す言い方。「いいですか、ねえ」などの意。

■ **That's funny**
funny はここでは「面白い、こっけいな」というより、「奇妙な、不思議な」の意味で用いられている。

■ **Don't be silly**
「そんなばかな、ばかなことを言うな」、「何を言っているの」という意味の決まり文句。

■ **honey**
「あなた、いとしい人」など愛する人への呼びかけ。夫婦間、恋人同士で、また親が子に対しても用いる。

■ **Come on**
命令文とともに用いて、意味を強める決まった文句。「さあ来い」（挑戦）、「その調子だ、がんばれ」（激励）、「さあさあ、ほら」（催促、懇願、説得、制止）、さらには反語的に「いい加減にしろよ、まさか、やめろ」などの意味を表す。ここでは、促しの意味。

■ **park up**
一時的に駐車する。とくに駐車した車のなかで、いちゃつくことを指す。

■ **do you?**
付加疑問文で、ここでは上がり調子で発音しており、疑問文になる。

■ **soda fountain**
ドラッグストアやスーパーの一角にあり、アイスクリーム、各種の清涼飲料、スナックなどを提供する。カウンター式になっている。

■ **high school kids**
kids（子ども）は通例複数形で用いられ、アメリカの日常会話では child よりも一般的。

■ **Look here boy**
look は、間投詞的に、大切なことを言いたい時に、相手の注意を引くために用いられる。発話者の苛立ちを表すこともある。boy は、呼びかけとして、「ねえ、おい」の意味。

■ **they've invented the house**
invent は、「発明する」の意味。家というものが発明されているのだから、話をするのなら家の中でするようにと言っている。

41

| | | |
|---|---|---|
| **ALICE** | : Gee, I, I wish I could ask you in, but Mrs. Roberts is so strict. | Gee ああ、うわー ⤴<br>I wish I could ask you in ⤴<br>strict （規律などに）厳しい、厳格な |
| **GEORGE** | : I don't want to make things difficult for you. | make things difficult for you ～を困らせる ⤴ |
| **ALICE** | : Oh! | |
| **GEORGE** | : Yeah, I wish I could ask you in, but we'd have to keep the music awful low. | I wish I could ask you in ⤴ |
| **GEORGE** | : This is nice. | |
| **ALICE** | : Mrs. Roberts is right next door. | right next door すぐ隣に |
| **GEORGE** | : This is the way it should have been. | this is...should have been ⤴ |
| **ALICE** | : This is the way… Oh, George. George. | |

*INT. EASTMAN COMPANY – DAY – The whistle blows for work to begin. George walks up to shy-looking Alice.*

whistle 始業の合図、ホイッスル、汽笛
walks up to ～まで歩いていく
shy-looking 恥ずかしそうな、はにかんだ

| | | |
|---|---|---|
| **GEORGE** | : Good morning. | |
| **ALICE** | : Good morning. | |
| **CHARLES** | : Who's that? Is that George? | |
| **EARL** | : Yeah, that's George. | |
| **CHARLES** | : Well, what have you got him doing in here? | what have you...in here ここで彼に何をさせているのか ⤴ |
| **EARL** | : It was the only place I could put him without firing somebody. And you said no favoritism. | fire （人）を解雇する、くびにする<br>favoritism えこひいき、優遇 ⤴ |
| **CHARLES** | : This is no place for the boy. How's he getting along, Whitey? | get along （仕事などが）うまくいく、（人と）仲良くやっていく |
| **WHITING** | : Fine. | |
| **CHARLES** | : I don't think it would hurt to give that boy a little position. | I don't think...hurt to ⤴<br>position 職、重要な地位 |
| | : Well, George. I suppose you thought I'd forgotten all about you. | I suppose you...I'd forgotten ⤴ |
| **GEORGE** | : No, sir. | |
| **CHARLES** | : You may not know it, but I've been keeping an eye on you. | I've been keeping...on you お前に目をかけてきた ⤴ |
| **GEORGE** | : That's very good of you, sir. | That's very good of you ⤴<br>うれしいです、感謝しています |
| **CHARLES** | : Getting along all right? | all right ⤴ |

*A Place in the Sun*

| | | |
|---|---|---|
| アリス | : | あーあ、私、できれば上がっていってもらいたいんだけど、大家のロバーツさんがとても厳しいの。 |
| ジョージ | : | でも君に迷惑はかけられないから。 |
| アリス | : | わっ！ |
| ジョージ | : | そうだな、できれば君に入ってって言いたかったんだけど。でも、音楽の音量は小さくしておかないとね。 |
| ジョージ | : | いいな。 |
| アリス | : | ロバーツさんはすぐ隣よ。 |
| ジョージ | : | これでよかったんだ。 |
| アリス | : | これでね…　ああ、ジョージ、ジョージ。 |

屋内－イーストマン商会－昼－始業を告げる汽笛が聞こえる。ジョージは恥ずかしそうにしているアリスのところまで行く。

| | | |
|---|---|---|
| ジョージ | : | おはよう。 |
| アリス | : | おはよう。 |
| チャールズ | : | あれは？　ジョージか？ |
| アール | : | ええ、ジョージです。 |
| チャールズ | : | あれ、ここで何をさせているんだ？ |
| アール | : | ここしか空きがなかったんです。誰も辞めさせるわけにはいきませんでしたし。それに、えこひいきはダメだとおっしゃいましたよね。 |
| チャールズ | : | ここはあの子にはふさわしくない。ホワイティ君、あいつの仕事ぶりはどうかね？ |
| ホワイティング | : | しっかりやっています。 |
| チャールズ | : | もうちょっといい仕事を与えても問題はないと思うがね。 |
| | : | おう、ジョージ。私が君のことをすっかり忘れてしまったと思っただろうね。 |
| ジョージ | : | いえ。 |
| チャールズ | : | 気づいてなかったかもしれんが、私は、ずっと君のことを目にかけていたんだよ。 |
| ジョージ | : | 光栄です。 |
| チャールズ | : | 仕事の調子はどうだ？ |

■ Gee
間投詞 Gee は Jesus の発音に由来し、Jesus (Christ) の婉曲表現。驚き、喜び、落胆などを表す。「おや、参った、う〜ん、ちぇっ」などの意味。

■ make things difficult for you
「make + O + C」で「OをCにする」という意味。直訳すると「(〜にとって) 状況を難しくする」となる。difficult は「物事が（困難・面倒のため）対処しがたい」、「つらい」、「問題が多い」ということ。

■ I wish I could ask you in
「私があなたに家の中に入るようにお願いできたらいいのですが」という意味。wish を使った仮定法過去の文で、現在実現不可能なことへの願望を表す。実際、大家が厳しく、ジョージに家の中に入ってもらうことが難しいので、アリスはこのように言っている。

■ this is...should have been
「should + have + 過去分詞」で「〜すべきだったのに」

■ what have you...in here?
you have got = you have
「have + O + 〜ing」「O (人・物など) に〜させる、させておく」という意味。

■ you said no favoritism
親戚だから、えこひいきするなという指示だったということ。

■ I don't think it would hurt to
it won't hurt to do で「〜しても構わない」、「問題ではない」、「〜しても損ではない」の意味。ここでは助動詞の過去形を用いることで、仮定法的に「仮に〜しても問題はないだろう」の意味となる。

■ I suppose you thought I'd forgotten
= I suppose you thought I had forgotten
「忘れてしまった」のが「思った」時点よりも前であるため、過去完了形が用いられている。

■ I've been keeping an eye on you
「keep an eye on 〜」で「〜を（安全であるように）じっと見守る」、「〜に目をつける」、「〜から目を離さない」の意味。ある過去の時点から今もなお続く行為であるので、現在完了進行形が用いられる。

■ That's very good of you
That's very kind of you. と同じ意味。

■ all right
通例、文や節の最後で、「申し分なく、立派に、うまく」の意味（略式）。

43

| | | |
|---|---|---|
| **GEORGE** | : | I, I know the work pretty well now, sir. |
| **CHARLES** | : | Yes, I suppose you do. Do you think you know it well enough to take on some responsibility? |
| **GEORGE** | : | Yes, sir. |
| **CHARLES** | : | Good. I'm going to move you up. |
| **GEORGE** | : | Thank you very much, sir. I appreciate it. |
| **CHARLES** | : | You've earned it. |
| **GEORGE** | : | Oh, ah... Sir, I was wondering, did... Have you by any chance seen the production report I submitted? |
| **CHARLES** | : | Tell you what, George. Mrs. Eastman is having a party at the house on the 15th of next month. And we'd like to have you drop in. |
| **GEORGE** | : | Thank you, sir. I'd love to come. |
| **CHARLES** | : | Good. Then you and I can have a nice little talk. |
| **ALICE** | : | Next month on the 15th? That's your birthday. I was planning on our little party. |
| **GEORGE** | : | Sure, honey. I'll just be over at the old man's a little while to pay my respects. Then I'll be over. |
| **ALICE** | : | You better be! |

*INT. EASTMAN HOUSE – NIGHT – George arrives at the house in a formal suit. He walks into the lounge filled with guests. Marcia stands to greet a man and woman behind George.*

| | | |
|---|---|---|
| **MARCIA** | : | Hello, darling! Nice to see you again. Hello, there. |
| **ANGELA** | : | Later. |
| | : | Wow! |
| | : | Hello. |
| **GEORGE** | : | Hello. |
| **ANGELA** | : | I see you had a misspent youth. |
| **GEORGE** | : | Yes, it was. |

---

well enough to　〜するのに十分よく
take on some responsibility　責任を負う

I appreciate it　感謝します
You've earned it　よくやった、実力だ、努力のたまものだ

by any chance　ひょっとして
production report　生産量に関する報告、生産高報告書、製造報告書
submit　提出する
Mrs. Eastman is ... a party
on the 15th of next month　来月の15日

I'd love to come　行かせていただきます。→ p.69
then　その時、そこで
have a nice little talk

plan on...ing　〜するつもりである。〜をあてにする
I'll just be...old man's
a little while　しばらくの間
pay my respects
I'll be over　そっちに行くよ

You better be

lounge　居間
filled with　〜でいっぱいの
greet　〜に挨拶する、〜を迎える

Hello, there　こんにちは

Later　では、のちほど

Wow　うわぁ、わぁ

you had a misspent youth

## A Place in the Sun

| | | |
|---|---|---|
| **ジョージ** | : | もう、だいぶ慣れました。 |
| **チャールズ** | : | そうか、そうだろうな。責任のある仕事をしても大丈夫か？ |
| **ジョージ** | : | はい。 |
| **チャールズ** | : | よし。君を昇進させようと思っている。 |
| **ジョージ** | : | ありがとうございます。感謝します。 |
| **チャールズ** | : | 君の実力だ。 |
| **ジョージ** | : | あの、えっと…ひょっとして…提出させてもらった製造についての計画書に目を通していただいたでしょうか？ |
| **チャールズ** | : | あのな、ジョージ。イーストマン夫人が来月15日に自宅でパーティをするんだ。よかったら来てくれないか。 |
| **ジョージ** | : | ありがとうございます。喜んでうかがいます。 |
| **チャールズ** | : | それはよかった。じゃあ、その時にゆっくり話そう。 |
| **アリス** | : | 来月の15日？　あなたの誕生日よ。2人で小さなパーティでも、って思ってたんだけど。 |
| **ジョージ** | : | わかってるよ。社長の家にはちょっと顔出して挨拶してくるだけだから。そのあと行くよ。 |
| **アリス** | : | 約束よ！ |

屋内-イーストマン家-夜-ジョージはフォーマルスーツを着て、屋敷に到着する。客でいっぱいのラウンジに入っていく。マーシャがジョージの後ろの男性と女性に挨拶をする。

| | | |
|---|---|---|
| **マーシャ** | : | こんにちは。またお会いできてうれしいです。こんにちは。 |
| **アンジェラ** | : | じゃあ、またあとで。<br><br>わあ！<br>こんにちは。 |
| **ジョージ** | : | こんにちは。 |
| **アンジェラ** | : | あなた、青年時代の過ごし方を誤ったようね。 |
| **ジョージ** | : | 確かに。 |

■ I appreciate it
appreciate は、「〜をありがたく思う」の意味。「I would appreciate it if you would」で、「〜していただければ幸いです」という意味を表すことが多い。
■ You've earned it
earn は「感謝、報酬などを得るに値する」の意味。
■ Mrs. Eastman is having a party
Mrs. Eastman は自分の妻のこと。フォーマルな言い方。「have a party」（パーティを開く）の代わりに「hold a party」もよく使われる。ここでは現在進行形を用いて予定を表している。
■ have a nice little talk
「have a talk」で「話をする」の意。
■ I'll just be over at the old man's
over は「向こう側へ、特定のところへ」の意味。old man は「雇い主、ボス、上司」のこと。
■ pay my respects
正式な言い方。respects は、複数で「丁寧な挨拶、よろしくという伝言」を意味する。ここでは、「ご機嫌伺いに行く」の意。
■ I'll be over
2行上の over と同じ意味。
■ You better be!
= You had better be (over)!
「had better ＋動詞の原形」→ p.21
■ Hello, there
この there は呼びかけで「おい、君」など。この形でよく用いられる。
■ Later
= See you later. の略
■ Wow
驚嘆、喜びなどを表す叫び。ジョージがひとりでビリヤードをしている部屋の前を通り過ぎながら、覗いてみた時、ジョージが球を突いて、ビリヤード台のポケットに入れるのを見て発した感嘆表現。
■ you had a misspent youth
misspent youth は、「無為の青春（時代）」で、misspent は「浪費した、誤って使った、無駄に過ごした」の意味。ビリヤードが上手い相手に、ビリヤードに打ち込んで、青春時代を無駄に過ごしたと暗示している。

45

| | | |
|---|---|---|
| **ANGELA** | : Why all alone? Being exclusive? Being dramatic? Being blue? | all alone ひとりだけで(寂しく) ↻<br>exclusive 排他的な<br>dramatic 芝居がかった, 芝居じみた<br>blue 元気がない, 落胆した, 憂鬱な |
| **GEORGE** | : I'm just fooling around. Maybe you'd like to play. | fool around ぶらつく, 無為に過ごす<br>you'd like to play ↻<br>Go ahead ↻ |
| **ANGELA** | : Oh, no, I'll just watch you. Go ahead. Do I make you nervous? | nervous 緊張する, あがってかたくなる |
| **GEORGE** | : Yes. | |
| **ANGELA** | : You look like an Eastman. Are you one of them? | |
| **GEORGE** | : I'm a nephew. My name's George. | nephew 甥 |
| **ANGELA** | : I'm Angela. | |
| **GEORGE** | : Vickers. I saw you here last spring. | |
| **ANGELA** | : I don't remember seeing you before. | remember seeing you ↻ |
| **GEORGE** | : No. You've been away, haven't you? You took a trip with your parents. | No そうでしょうね ↻<br>away 町を離れて, 不在で, 遠くへ<br>haven't you ～ですよね ↻<br>take a trip 旅行する |
| **ANGELA** | : How did you know? | |
| **GEORGE** | : I read about you in the papers. | in the papers 新聞で |
| **ANGELA** | : What else do you do? | |
| **GEORGE** | : The usual things. | usual いつもの, 通例の |
| **ANGELA** | : You look unusual. | you look unusual ↻ |
| **GEORGE** | : That's the first time anybody ever said that! | That's the first time ～が～するのははじめてだ |
| **ANGELA** | : You keep pretty much to yourself, don't you? | You keep pretty...to yourself ↻ |
| **GEORGE** | : Yes, sometimes. | |
| **ANGELA** | : Blue... or exclusive? | |
| **GEORGE** | : Neither, right now. | right now すぐに, ただちに ↻ |
| **CHARLES** | : Oh, here you are, George! Well, Angela. Look, George. I was thinking about your mother. How is she? | here you are ↻ |
| **GEORGE** | : Fine, last time I heard. | last time I heard 元気でした, この前は ↻ |
| **CHARLES** | : Have you written to her about your promotion? I kicked him up a notch the other day. Smart boy. | Have you...promotion?<br>promotion 昇進<br>I kicked him up a notch ↻<br>the other day 先日, この前 |
| **GEORGE** | : No, sir. Not yet. I was going to write in a day or two. | in a day or two 1, 2日で |

*A Place in the Sun*

| | | |
|---|---|---|
| **アンジェラ** | ：どうしてひとりっきりなの？　人付き合いは苦手？　気取ってるわけ？　それとも落ち込んでるとか？ | ■ all alone<br>all は alone を強調し、「まったく」の意味で用いられる。 |
| **ジョージ** | ：ぶらぶらしてるだけです。やってみます？ | |
| **アンジェラ** | ：いいえ、私は結構。見てるだけにするわ。どうぞ続けて。私がいると気が散るかしら？ | ■ you'd like to play<br>play billiards のこと。ジョージはアンジェラにビリヤードのキュー（突き棒）を差し出しながら、このように話す。 |
| **ジョージ** | ：はい。 | ■ Go ahead<br>「どうぞ」、「さあ～しなさい」を意味する決まり文句。 |
| **アンジェラ** | ：見たところ、イーストマン家の人のようね。一族の人？ | |
| **ジョージ** | ：甥です。ジョージといいます。 | |
| **アンジェラ** | ：アンジェラよ。 | |
| **ジョージ** | ：ヴィッカーズさんですね。去年の春にここでお会いしました。 | ■ remember seeing you<br>「remember ～ ing」で「～したことを覚えている」の意味。 |
| **アンジェラ** | ：会った覚えはないけど。 | ■ No<br>= No, you don't remember. |
| **ジョージ** | ：そうですか。どちらかに行かれていたんですよね？　ご両親と旅行で。 | ■ haven't you?<br>付加疑問文。ここでは、下がり調子で発話されているので、念を押す言い方。 |
| **アンジェラ** | ：どうしてご存知なの？ | ■ in the papers<br>paper = newspaper |
| **ジョージ** | ：新聞で記事を読みました。 | |
| **アンジェラ** | ：ほかにはどんなことをなさるの？ | ■ you look unusual<br>unusual は「普通でない、異常な」の意味でよく用いられるが、ここでは、「きわだった」、「興味深い」という肯定的な意味で、褒めるために用いられている。 |
| **ジョージ** | ：ふつうのことです。 | |
| **アンジェラ** | ：あなたはふつうには見えないけど。 | |
| **ジョージ** | ：はは、そんなことを言われたのははじめてですよ！ | ■ you keep pretty much to yourself<br>「keep (oneself) to oneself」で、「人付き合いを避ける」の意味。 |
| **アンジェラ** | ：ひとりでいるのが好きなの？ | |
| **ジョージ** | ：まあ、そういう時もあります。 | ■ right now<br>= right away<br>アメリカ口語表現。 |
| **アンジェラ** | ：落ち込んでるとか…人を排除してるとか？ | ■ Here you are<br>探していた人を見つけた時に使う「ここにいたのか」という意味の決まり文句。Here it is [they are] など物に対しても使える。Here you are は、人に物を手渡すような場面でも用いる。 |
| **ジョージ** | ：今はどちらでもないです。 | |
| **チャールズ** | ：ああ、ここにいたのか、ジョージ！　おお、アンジェラ。ほら、ジョージ。そう言えば、君のお母さんのことを考えていたんだ。元気にしてるのか？ | |
| **ジョージ** | ：元気でした。この前連絡した時には。 | ■ last time I heard<br>last は「この前の」、時間的に「すぐ前の」を意味する。「現在にいちばん近い」が基本的な意味。hear は、「声を聞く、連絡をもらう (hear from)」の意味。 |
| **チャールズ** | ：昇進したことは手紙で知らせたか？　こいつを先日少し引き上げてやったんだよ。優秀な男だ。 | ■ Have you...promotion?<br>「write to+ 人」で「～へ手紙を書く」という表現。アメリカでは主に「write + 人」の形を用いる。 |
| **ジョージ** | ：いえ、まだです。ここ１～２日くらいで手紙を書こうと思っていました。 | ■ I kicked him up a notch<br>一段上に上げる。notch は口語で「段階、階級、等級、程度」の意味。 |

47

**CHARLES** : Never neglect your mother, my boy. You're going to telephone to her right away. Tell her the good news. You can use this phone over here in the bar.

: Long distance? What's the number, George? Just a minute.

**GEORGE** : I don't know. Hello? I want to place a call to the Bethel Independent Mission in Kansas City. Kansas City, Missouri.

*INT. BETHEL INDEPENDENT MISSION – NIGHT – George's mother HANNAH answers the phone.*

**HANNAH** : The Bethel Mission.
**GEORGE** : Hello, Mama.
**HANNAH** : George! God bless you, my son. Are you sick?
**GEORGE** : No, Mama. I'm not sick.
**HANNAH** : You called to tell me you're coming home?
**GEORGE** : Listen, Mama. I got a promotion. Yeah, I can send you money every month now.
**HANNAH** : Happy birthday, George. Today's your birthday and I've prayed for you. I've been praying that you'll come home soon and carry on your father's work. I'm keeping your room for you, George, just as you left it, like I always do.
**GEORGE** : I'm getting on… getting on pretty well here, Mama. I'm happy here, too.

**HANNAH** : Who's there with you, George?
**ANGELA** : It's me, Mama!
**HANNAH** : Who was that?
**GEORGE** : Just, just a girl, Mama. No, Mama. I don't… Mama, I just met her! Yes, Mama. I will, Mama.
**HANNAH** : I know you'll be a good son.
**GEORGE** : I promise.

*A Place in the Sun*

| チャールズ | ： | 母親は大切にしないとな。すぐに電話したまえ。朗報だからな。カウンターのこの電話を使いなさい。 |
|---|---|---|

| チャールズ | ： | 長距離を。電話番号は、ジョージ？　ちょっと待って。 |
|---|---|---|
| ジョージ | ： | わかりません。あの、もしもし？　カンザス・シティのベセル伝道会につないでください。ミズーリ州のカンザス・シティです。 |

屋内－ベセル・インディペンデント伝道所－夜－ジョージの母親ハンナが電話に出る。

| ハンナ | ： | ベセル伝道所です。 |
|---|---|---|
| ジョージ | ： | もしもし、母さん。 |
| ハンナ | ： | ジョージ！　まあ、一体どうしたの。病気？ |

| ジョージ | ： | いや、母さん、そうじゃない。 |
|---|---|---|
| ハンナ | ： | 帰って来るって知らせたくて電話くれたのね？ |
| ジョージ | ： | あのね、母さん。僕、昇進したんだ。そう、もう毎月送金できるよ。 |
| ハンナ | ： | 誕生日おめでとう、ジョージ。今日はおまえの誕生日だからお祈りしていたの。じきに家に帰って父さんの仕事を続けてくれるようにって。ジョージ、おまえの部屋は出て行った時のままにしてあるのよ、いつもしてるようにね。 |

| ジョージ | ： | 僕は元気…こっちではうまくやってるよ、母さん。楽しくやってる。 |
|---|---|---|

| ハンナ | ： | 誰と一緒なの、ジョージ？ |
|---|---|---|
| アンジェラ | ： | お母様、私です。 |
| ハンナ | ： | 今のは誰？ |
| ジョージ | ： | ただの女友達だよ。そうじゃない、母さん…そんなことないよ。今会ったばかりなんだ！　うん、母さん、そうする。 |

| ハンナ | ： | おまえならちゃんとできるわね。 |
|---|---|---|
| ジョージ | ： | 約束するよ。 |

■ telephone to
I'll telephone to him. より I'll telephone him. のほうがふつう。

■ good news
news は単数扱いであることに注意。

■ Just a minute.
「ちょっと待って」という意味の決まり文句。

■ Bethel Independent Mission
Bethel は聖書（創世記）では、ベテル（神の家）、聖所や礼拝堂の意味。

■ Kansas City
ミズーリ州西部、ミズーリ川とカンザス川の合流地点にある都市で、人口約44万人。

■ Missouri
アメリカ中部の州。州都はジェファーソン・シティ。

■ God bless you
もともと「神の祝福があるように」、「幸運を祈る」の意味で、感謝の言葉や別れの挨拶として使われる。くしゃみをした相手に向かって「お大事に」という意味で用いることもある決まり文句。

■ got a promotion
obtain (win) a promotion とも表現。

■ Today's your...father's work
この部分は電話での会話の一部だが、画面上ではほとんど聞こえない。戻ってきて亡くなった父親の仕事を継いでほしいと願っている母に対して、ジョージはアンジェラの手前もあり、それには直接答えず、ちぐはぐな会話になっている。

■ carry on
この電話の会話だけではわからないが、ジョージの亡くなった父は、母と一緒に一家で伝道の仕事をしていた。そのため、母はジョージに戻って父の仕事を続けてほしいと願っている。

■ It's me
電話などで第一声に使う決まり文句。アンジェラはふざけて「お母様、私よ」と仲間との会話のような調子で横から返事をする。それを聞いたジョージの母は、息子がいかがわしい女性と一緒にいるのではと心配し、息子を問いただしている様子である。

| | | |
|---|---|---|
| HANNAH | : | Goodbye, my son. |
| GEORGE | : | Goodbye, Mama. |
| ANGELA | : | Did you promise to be a good boy? Not to waste your time on girls? |
| GEORGE | : | I don't waste my time. |
| ANGELA | : | Will she let you go out tonight? Will she let you go dancing? Come on. I'll take you dancing... on your birthday, blue boy. |

good boy いい子 ◎

waste 無駄にする，浪費する ◎

## アメリカ自然主義文学

　映画『陽のあたる場所』の原作小説『アメリカの悲劇』(1925年)では、貧しい境遇から出発した主人公が、同じ工場で働く女性と恋に落ちるものの、上流階級の令嬢と結婚できそうになったことで、妊娠した恋人の存在を疎むようになる。自身もいわば下層階級出身だった著者ドライサーは、その家庭環境や経験を自伝的に書いたが、「アメリカン・ドリーム」を信じ、金銭的成功の欲望にとりつかれた登場人物たちこそ、彼の分身だったのである。

　映画では、ジョージの異変に気づいたアリスが思わず立ち上がった途端、ボートが転覆するが、小説では、主人公クライドがもっていたカメラが偶然ロバータの顔に当たり、そのはずみで、2人とも水中に投げ出される。ロバータはいったん水面に浮かび上がり助けを求めるが、「神のなした偶然の行為」とクライドは自分に言い聞かせ、沈んでいくロバータを見捨ててしまう。

　上流階級への憧れ、野心に圧倒され、犯行の瞬間には殺意を失うものの、結果として主人公は殺人を犯し、最後には死刑に処される。

| | |
|---|---|
| ハンナ | ：さよなら、ジョージ。 |
| ジョージ | ：さよなら、母さん。 |
| アンジェラ | ：いい子になるって約束したの？　女の子のことで時間を無駄にしないって？ |
| ジョージ | ：時間を無駄になんかしていない。 |
| アンジェラ | ：お母様、今晩出かけることを許してくださるかしら？　ダンスに行くことも？　構わないわ、私がダンスに誘うのよ…あなたの誕生日ですもの。ね。 |

■ good boy
親が小さい子どもによく使う表現。
ex. Be a good boy.（いい子にしていてね）
■ waste
「waste + O + on ～」で「～にOを無駄に費やす」の意。

---

　ドライサーにとって世界は、いわば欲望と偶然が支配する「無秩序の闇」であり、人間はその中で右往左往する犠牲者であるにすぎない。

　ドライサーの生きた19〜20世紀の世紀転換期、多くの作家が、人間に対する社会の影響力と人間の欲望に注目し、現代的な新しい人間像とそれを表現する新しい小説を提示した。これらの文学は「自然主義」(Naturalism)と呼ばれている。"Nature"とは 人間の「本質」と人間をとりまく「自然」、つまり「物事のありのままの姿」を意味する。自然主義者たちは、人間はその力の及ばない世界の力（環境）に支配され、自由意思をもたないとする環境決定論にとらわれ、科学者のような視線で冷酷に社会や人間を観察し、その実態を表現しつくそうとした。『アメリカの悲劇』は、自然主義文学の最大傑作とされる。ドライサーのほか、重要な自然主義作家としては、フランク・ノリス、ジャック・ロンドン、スティーブ・クレインなどが挙げられる。

長岡　亜生（福井県立大学准教授）

# Cheating on Alice

④ INT. ALICE'S BOARDING HOUSE – NIGHT – *Alice has fallen asleep on her bed waiting for George. He finally arrives, waking her up.*

| | | |
|---|---|---|
| **GEORGE** | : Gee, Al, isn't it the limit? The party just broke up a few minutes ago. I'm sorry, honey. I couldn't get away for three hours. | Gee, Al やれやれ, アル ⊃<br>limit 我慢の限界 ⊃<br>Isn't it the limit あきれるじゃないか ⊃<br>get away 去る, 逃げる |
| **ALICE** | : Four hours. You must have paid him an awful lot of respects. | pay respect to ～に敬意を払う |
| **GEORGE** | : I think he's really gonna do things for me, honey. He said, "I got my eye on you." I think he really means it, too. | get one's eye on you じっと見守る ⊃<br>he really means it ⊃ |
| **ALICE** | : That's fine. But you could have phoned me. | you could have phoned me ⊃ |
| **GEORGE** | : Yeah, I know, I know, I could have phoned. | |
| **ALICE** | : Never mind. Present's waiting for you on your plate. | |
| **GEORGE** | : Oh. | |
| **ALICE** | : Happy birthday. | |
| **GEORGE** | : Thanks. Oh, hey, that's wonderful! Why, I can sure use that on my new job, huh? | Why おや → p.27<br>sure きっと ⊃<br>huh ⊃ |
| **ALICE** | : Were there many young people there tonight? | |
| **GEORGE** | : A few. Why? | |
| **ALICE** | : Oh, it's melted. Was your cousin Marcia there? All those other pretty girls you read about in the papers? | Oh, it's melted ⊃<br><br>in the papers 新聞で →p. 47 |
| **GEORGE** | : Some of them were, yes. They're not all pretty. | They are not all pretty ⊃ |
| **ALICE** | : Was Angela Vickers? | |
| **GEORGE** | : What? | |
| **ALICE** | : Pretty. Did you like her very much? | |

*A Place in the Sun*

# アリスへの裏切り

DVD　00:32:24

☐ ☐ ☐ ☐ ☐ ☐

---

屋内 – アリスの下宿 – 夜 – アリスはジョージを待っているうちに寝入ってしまう。やっとジョージが来て彼女を起こす。

**ジョージ** ： 参ったな、アル。あきれちゃうよ。パーティは少し前にやっと終わったんだ。ごめんよ。3時間も抜けられなかったんだ。

**アリス** ： 4時間よ。叔父さんに長いことご挨拶されてたのね。

**ジョージ** ： 叔父は本当に僕のためにいろいろしてくれようとしているんだよ。「君のことを見守っている」と言ってくれたんだ。本気だと思うんだ。

**アリス** ： それはよかった。でも、電話くらいくれてもよかったのに。

**ジョージ** ： うん、そうだね、わかってる。電話くらいしたらよかった。

**アリス** ： いいのよ。お皿の上のプレゼントがお待ちかねよ。

**ジョージ** ： わあ。

**アリス** ： お誕生日おめでとう。

**ジョージ** ： ありがとう。や、これはいい！ 新しい仕事できっと使えるよね。

**アリス** ： 今夜は若い人が大勢来ていたの？

**ジョージ** ： 少しはね。どうして？

**アリス** ： ああ、溶けちゃった。いとこのマーシャはいたの？ 新聞で見るほかのきれいな女の子たちもみんな？

**ジョージ** ： 何人かはね、いたよ。みんなきれいなわけじゃない。

**アリス** ： アンジェラ・ヴィッカーズは？

**ジョージ** ： 何？

**アリス** ： きれいよね。すごく気に入った？

---

■ **Gee, Al**
Al は Alice の愛称。Gee → p.43

■ **limit**
= the furthest extent of one's physical or mental endurance
ex. There's a limit to my patience.（我慢にもほどがある）

■ **Isn't it the limit**
「That's the limit」で「それには我慢がならない」、「もうたくさんだ」の意味。that の代わりに he などが使われると、He's the limit.（やつには我慢がならない）となる。

■ **get one's eye on you**
「keep (have) one's eye on ～」でも「～から目を離さない」、「気を配っている」、「注意を払う」という意味。

■ **He really means it**
「本気で言っている」の意味。
ex. I mean it.（本気で言っているんです）
I didn't mean that.（悪気はなかった）

■ **You could have phoned me**
= If you had the intention (had the will to phone), you could have phoned me（もし電話しようとすれば [ するつもりがあったら ]、することができたはず）のように、本来は仮定法過去完了の表現。前半は省略されることも多く、「電話することができたはず」「電話してくれてもよかったのに」となる。

■ **sure**
動詞の前で、強意的に用い、「きっと、まったく、本当に」の意味。くだけた言い方。

■ **huh**
同意を促して「～でしょう？どうですか？」の意。文末で用いられ付加疑問文の働きをする。

■ **Oh, it's melted**
アリスはジョージの誕生日を祝おうと、アイスクリームも買って待っていたが、4時間も待たされたため、アイスクリームが溶けてしまった。落胆している様子がうかがわれる。

■ **They are not all pretty**
「not all」で「必ずしもすべて～」というわけではない」という意味。

| | | |
|---|---|---|
| **GEORGE** | : I liked her some. Sure, she's a pretty girl. She wears nice clothes. | |
| **ALICE** | : Why shouldn't she, with all that money? | Why shouldn't...money ↻ |
| **GEORGE** | : Honey, why do you have to keep needling me all the time? | needle いらだたせる, とげのある言い方をする ↻<br>keep needling ↻<br>all the time ずっと |
| **ALICE** | : I can't help it. I still don't see why you couldn't tell them you had another appointment? | I can't help it 仕方がない, どうしようもない ↻<br><br>appointment 約束 ↻ |
| **GEORGE** | : You know I can't tell them about you. You understand the fix we're in. | fix 苦境, 窮地 ↻ |
| **ALICE** | : Yeah, I know. | |
| **GEORGE** | : If my family ever found out about us, we'd both be out of a job. | out of a job 失業して |
| **ALICE** | : George, maybe you don't want to see me so much anymore. Is that it? Or maybe you don't want to see me at all. Now that you're head of the department. | Is that it ↻<br>now that いまや〜だから |
| **GEORGE** | : You know I didn't say that. Oh, honey, don't cry. | |
| | : Look, you dance just as pretty as anybody. You look just as pretty. So, stop crying, will you? | Look いいかい, いいですか<br>as pretty as anybody ↻ |
| **ALICE** | : George, it's awful. I, I can't tell you. | |
| **GEORGE** | : What is it? | |
| **ALICE** | : Oh, I'm so afraid. | |
| **GEORGE** | : Honey, what's the matter? | |
| **ALICE** | : George...we're in trouble. Real trouble, I think. | be in trouble 面倒なことになっている |
| **GEORGE** | : How do you mean? | How do you mean ↻ |
| **ALICE** | : Well, remember the first night you came here? Oh, I'm so worried. | |

*INT. EASTMAN COMPANY – EVENING – The whistle blows to end the working day. George watches Alice from the foreman's office.*

foreman 現場監督

*INT. GEORGE'S BOARDING HOUSE – NIGHT – George paces back and forth in his room. He picks up a coin and goes out into the hall to the phone.*

pace 行ったり来たりする
back and forth 行きつ戻りつ ↻

*A Place in the Sun*

| | | |
|---|---|---|
| **ジョージ** | ： | 少しはね。確かに、彼女はきれいだ。服も素敵だし。 |
| **アリス** | ： | あれだけお金があるんだから、当然でしょ？ |
| **ジョージ** | ： | ねえ、どうしてさっきから僕をイライラさせるようなことばかり言うの？ |
| **アリス** | ： | どうしようもないの。だって、どうして先約があるって言えなかったのか、まだわからないんだもの。 |
| **ジョージ** | ： | 君のことは言えないんだよ。僕たちの苦しい立場、わかってるはずだ。 |
| **アリス** | ： | うん、わかってる。 |
| **ジョージ** | ： | もし叔父一家に僕たちのことが知られたりしたら、2人とも失業だよ。 |
| **アリス** | ： | ジョージ、もしかしてあなたはもう私とあまり会いたくないのね。そうなの？ それとも全然会いたくないのかも。もう主任なんですものね。 |
| **ジョージ** | ： | そんなこと言ってないだろう。ねえ、泣くなよ。 |
| | ： | いいかい、君は誰にも負けないくらいダンスがうまいし、きれいだよ。だから泣くのをやめてよ。 |
| **アリス** | ： | ジョージ、大変なことなの。私、私言えない。 |
| **ジョージ** | ： | 何だよ？ |
| **アリス** | ： | ああ、とても怖いわ。 |
| **ジョージ** | ： | ねえ、どうしたんだ？ |
| **アリス** | ： | ジョージ…困ったことになったのよ。本当に困ったことなの。 |
| **ジョージ** | ： | どういうこと？ |
| **アリス** | ： | あのね、あなたがここに来た最初の晩、覚えてる？ ああ、すごく心配だわ。 |

屋内－イーストマン社－夕方－仕事の終わりを告げる汽笛が鳴る。ジョージが管理室からアリスを見ている。

屋内－ジョージの下宿－夜－ジョージが部屋を行ったり来たりしている。硬貨を手にとり、部屋を出てホールの電話のところに行く。

■ Why shouldn't she...money?
この shouldn't は、who や why などと共に用いて、驚きや不可解な気持ちを表す。「どうして～なければならないのか」、「～なのはなぜか」という意味になる。ここでは with all （～がありながら、～にもかかわらず）という表現と一緒に使われて、「お金がありながら、きれいではないとか、着ている物が素敵でないというはずはないでしょう」という意味になる。

■ needle
= provoke or annoy by continual criticism or questioning
ex. You're always needling me about my accent.（君はいつも僕の訛りに嫌みを言っている）

■ keep needling
「keep + ～ing」で「～し続ける」となる。

■ I can't help it
「cannot + help + O」で「O（物・事）を避ける、防ぐ、こらえることができない」という意味。

■ appointment
医者の診察の予約、先生との面会の約束など、日時と場所を決めて人と会う約束に用いる。いわゆる将来についての約束には promise を、座席などの予約には reservation を用いる。

■ fix
「be in a fix」で「まずいことになっている、苦境に陥っている」の意味。

■ Is that it
「That's it」で「その通り、（要するに）そういうこと」という意味の決まり文句。

■ as pretty as anybody
「as…as any…」で「誰にも負けず劣らず～」の意味の慣用句。

■ How do you mean?
= What do you mean?「どういう意味？」「どういうこと？」の意味。

■ back and forth
「前後に」とも訳す。類似の表現として to and fro「左右に、あちこち、往復」、up and down「上下に」などがある。

**GEORGE** : Hello, Al. It's me. How do you feel? Just the same, huh? No, I haven't found the name of any doctor yet. Hm? Yes, I will. Don't you worry. Everything's gonna turn out all right. Yeah. Yeah, first thing. Good night.

**GEORGE** : Hello? Speaking. Who? Oh, hello! Yes, of course I remember you. I just didn't recognize your voice at first. Well, Friday night? Yeah. I think I can. No, I'd like to. Yes. Where? All right. I'll meet you there. Yeah. Goodbye, Miss Vickers. Huh? Goodbye, Angela. Goodbye.

5　*INT. CAR – NIGHT – George looks somber riding in Angela's car.*

**ANGELA** : A penny.
**GEORGE** : For what?
**ANGELA** : For your thoughts. Highest prices paid.

**GEORGE** : I was just wondering why you invited me tonight.
**ANGELA** : Well, because of my reasons.

*EXT. / INT. EASTMAN HOUSE – NIGHT – Angela drives through the gate up to the house. The butler greets her and George at the door.*

**BUTLER** : Good evening, Miss Vickers.
**ANGELA** : Good evening.
**BUTLER** : Good evening, Mr. Eastman.
**GEORGE** : Good evening.

**WOMAN** : Hi, Angie.

**MARCIA** : Angela, darling, hello.

---

Just the same 同じこと
huh → p.53

Don't you worry ⊙
turn out all right うまく行く ⊙
first thing 真っ先に ⊙

Speaking 私ですが ⊙

I'd like to そうしたい ⊙

somber 陰気な、憂鬱な ⊙

penny 1セント硬貨 ⊙

my reasons 私の事情

drive up to 乗りつける

Angie Angelaの愛称 ⊙

*A Place in the Sun*

**ジョージ** ： もしもし、アル。僕だ。気分はどう？ 変わりないんだね？ いや、医者はまだ見つからない。何だって？ うん、そうするよ。君は心配しないで。すべてうまくいくよ。うん。うん、まっさきにね。おやすみ。

**ジョージ** ： もしもし？ 僕ですが。どなたですって？ ああ、こんにちは。ええ、もちろん覚えてますよ。僕はただ、最初あなたの声とわからなかったものですから。ええと、金曜の夜ですか？ ええ、大丈夫だと思います。いえいえ、ぜひ。ええ。どこですって？ わかりました。うかがいます。ええ。さようなら、ヴィッカーズさん。何ですって？ さようなら、アンジェラ。ではまた。

車の中－夜－ジョージが憂鬱そうな表情でアンジェラの車に乗っている。

**アンジェラ** ： 1ペニー。
**ジョージ** ： 何に？
**アンジェラ** ： あなたの考えていることを教えてくれたら払うわ。最高額よ。
**ジョージ** ： 僕はただ、どうしてあなたが今晩僕を招待してくれたのかと思っていただけです。
**アンジェラ** ： あら。わけがあってよ。

屋外／屋内－イーストマン家－夜－アンジェラは車で門を通り抜け家に向かう。執事が入り口でアンジェラとジョージに挨拶する。

**執事** ： こんばんは、ヴィッカーズ様。
**アンジェラ** ： こんばんは。
**執事** ： こんばんは、イーストマン様。
**ジョージ** ： こんばんは。

**女性** ： こんばんは、アンジー。
**マーシャ** ： アンジェラ、いらっしゃい。

■ Don't you worry
「Don't worry」が本来の表現。you が入ると強調になる。

■ turn out all right
「turn out」で、通常副詞句を伴い、「(事態などが) ～になる」の意味。

■ first thing
(the) first thing (in the morning)
「第一に」、「(特に朝) 一番に」の意味。

■ speaking
応対した電話が自分への電話だった際に用いる決まり文句。

■ I'd like to
=I would like to
「would like to ～」で、「～したい」と希望を述べる時の表現。ここでは、～の部分には come や go が入るが、会話の文脈でわかるので省略されている。

■ somber
= having or conveying a feeling of deep seriousness and sadness

■ penny
2行うしろの for your thoughts とひとまとまりとして考える。A penny for your thoughts. がもともとの表現。「何をぼんやり考えているのか」と物思いに沈んでいる人などに尋ねる時に使う決まり文句。文字通りには「考えていることを教えてくれたら1ペニー払ってもいい」の意味。16世紀には既に存在した表現で、その当時のペニーはかなりの金額であった。アメリカでは1セント硬貨をペニーと称することが多いが、公式の名称はセントである。この会話では、アンジェラが penny と言いかけたところで、ジョージがすぐに「何に (使うのか)？」と口を挟んだため、表現が分割されている。

■ Angie
Angela を縮めた形の愛称。 アンジェリーナ・ジョリーが Angie と呼ばれたり、アンジェラを演じるエリザベス・テーラーが Liz と呼ばれていたりしていたのと同様。

| | | |
|---|---|---|
| **ANGELA** | : Hello, Marcia. Hi. | |
| **MAN** | : Hello, Angela. How are you doing, George? | How are you doing ⊙ |
| **MARCIA** | : Hello, George. Having fun? | Having fun ⊙ |
| **GEORGE** | : Just got here. | |
| **MARCIA** | : Well, come on in and join the party. | come on in 入ってきて |
| **MAN** | : Yes. | |
| **ANGELA** | : Oh, it's going to be such a wonderful summer. | |
| | | |
| **ANGELA** | : Do you ride? | ride 馬に乗る, 乗馬をする |
| **GEORGE** | : I'm just taking it up. | take up 趣味などをはじめる |
| | | |
| **ANGELA** | : Hello, Mother, Dad. We keep several horses at the lodge. There'll be lots of parties and dances and things like that. | and things like that など ⊙ |
| **TONY** | : And who, may I ask, is he? | may I ask 失礼ですが |
| **ANN** | : If she weren't my daughter, I should feel inclined to ask her the same question. | If she...question ⊙<br>I should feel ⊙ |
| | | |
| **ANGELA** | : Aren't you happy with me? | |
| **GEORGE** | : Happy? The trouble is I'm too happy tonight. | The trouble is 困ったことに |
| **ANGELA** | : You seem so strange, so deep and far away. As though you were holding something back. | far away 上の空<br>As though まるで〜のように ⊙<br>hold something back 何かを隠している |
| **GEORGE** | : I am. | |
| **ANGELA** | : Don't. | |
| **GEORGE** | : I'd better. This is nice. I don't want to spoil it. | I'd better そのほうがいい ⊙ |
| **ANGELA** | : You'd better tell me. | |
| **GEORGE** | : I love you. I've loved you since the first moment I saw you. I guess maybe I even loved you before I saw you. | |
| **ANGELA** | : And you're the fellow that wondered why I invited you here tonight. I tell you why. I love... Are they watching us? | |
| | : I love you, too! It scares me. But it is a wonderful feeling. | scare 怖がらせる ⊙ |

| | |
|---|---|
| アンジェラ | ：こんばんは、マーシャ。 |
| 男性 | ：やあ、アンジェラ。調子はどうだ、ジョージ？ |
| マーシャ | ：ようこそ、ジョージ。楽しんでる？ |
| ジョージ | ：今来たところなんです。 |
| マーシャ | ：さあ、中に入ってパーティに加わって。 |
| 男性 | ：はい。 |
| アンジェラ | ：ああ、とても素晴らしい夏になりそう。 |
| | ：乗馬はなさる？ |
| ジョージ | ：始めたばかりです。 |
| アンジェラ | ：あら、お母様、お父様。うちのロッジには数頭の馬がいるのよ。パーティとかダンスとかそういうのもよくやるの。 |
| トニー | ：あの青年はどなたかな？ |
| アン | ：私の娘でなければ、私も同じ質問をしたいところですけれど。 |
| アンジェラ | ：私といて楽しくないの？ |
| ジョージ | ：楽しくないかって？　楽しすぎて困るくらいです。 |
| アンジェラ | ：あなた、とても様子が変よ、深刻な顔して、心ここにあらずって感じだわ。何かを隠しているみたい。 |
| ジョージ | ：そうなんです。 |
| アンジェラ | ：それはやめて。 |
| ジョージ | ：いや、素敵な時間ですから。今晩は素晴らしい。台無しにしたくないんです。 |
| アンジェラ | ：話してよ。 |
| ジョージ | ：あなたのことを愛しています。最初に会った瞬間から好きだった。ひょっとして会う前から好きだったのかもしれません。 |
| アンジェラ | ：あなたはなぜ私が今晩あなたを招待したんだろうと思っていたわね。そのわけを教えてあげるわ。愛してる…私たち見られてる？ |
| | ：私もあなたを愛してるわ！　怖いくらい。でも不思議な感覚なの。 |

■ How are you doing?
挨拶の表現。
cf. How's it going? /What's up? ( 元気ですか)

■ Having fun?
Are you が省略されている。正式には Are you having fun? となる。

■ and things like that
「and things like that」で「そのようなこと」がもともとの意味。類似の表現には and so on や etc. などがある。

■ If she...question
「If + 主語 + 過去形 , 主語 + would / should /could/ might + 動詞の原形」で仮定法過去の構文。「もし〜でなければ、〜なのだが」の意味。

■ I should feel
I should…「私としては〜だが」と控えめな意見を表す表現。feel inclined to で、「〜したい気がする」の意味。

■ As though
「as though + 動詞の過去形」で、仮定法過去を表す。

■ I'd better
この台詞は聞き取れないくらい小声で下を向いて発話されており、ジョージの独白のような感じ。直前に、ジョージがアンジェラの「何かを隠しているみたい」という言葉に対して、「そうだ」と言い、それに対してアンジェラが「それはしないで、やめて」と応じていた。それに対するジョージの反応。→ p.21

■ scare
It scares me の it は、直前の台詞を受けて、愛している状況や気持ちを表す。

| | | |
|---|---|---|
| **GEORGE** | : | It's wonderful when you're here. I can hold you, I can...I can see you. I can hold you next to me. But what's it going to be like next week? All summer long, I'll still be just as much in love with you. You'll be gone! |
| **ANGELA** | : | But I'll be at the lake! You'll come up and see me. Oh, it's so beautiful there. You must come. Oh, I know my parents will be a problem. But you can come on the weekends when, when the kids from school are up there. You don't have to work weekends. That's the best time. If you don't come, I'll drive down here to see you. I'll pick you up outside the factory. You'll be my pick-up! Oh, we'll arrange it somehow, whatever way we can. We'll have such wonderful times together, just the two of us. |
| **GEORGE** | : | I'd be the happiest person in the world. |
| **ANGELA** | : | The second happiest. |
| **GEORGE** | : | Oh, Angela, if I could only tell you how much I love you. If I could only tell you all. |
| **ANGELA** | : | Tell Mama. Tell Mama all. |

⑥　　*EXT. DRUGSTORE – EVENING – Alice waits on the sidewalk for George to make a purchase.*

*EXT. / INT. CLINIC – NIGHT – George waits across the street as Alice nervously meets with DOCTOR WYELAND.*

| | | |
|---|---|---|
| **DOCTOR** | : | Your age, Mrs. Hamilton? |
| **ALICE** | : | Twenty-two. |
| **DOCTOR** | : | How long married? |
| **ALICE** | : | Three months. |
| **DOCTOR** | : | Well, now... Well, sit down. What seems to be the trouble, Mrs. Hamilton? You needn't be afraid to tell me. That's my business, listening to other people's troubles. |

All summer long　夏の間ずっと
as much　（今と）同じくらい

down here　→ p.37
pick up　（車で）迎えに行く，途中で乗せる
pick-up　乗客，ヒッチハイカー

just the two of us　2人だけで

the second happiest　（私の次に）二番目に幸せ
if I could only　～できさえすれば

Tell Mama

DRUGSTORE　ドラッグストア

How long married

What seems to be the trouble　どうしましたか

troubles　病気，疾患，身体の悪い部分

| | |
|---|---|
| **ジョージ** | : あなたがここにいてくれるのは、素晴らしいことです。あなたを抱いて、あなたを…あなたを見ていられる。すぐそばでしっかり抱いていられる。でも来週はどうなりますか？ 夏の間ずっと、僕はあなたをたまらなく愛し続けて。でもあなたはいなくなってしまう！ |
| **アンジェラ** | : でも私は湖にいるわ！ 私に会いに来て。ああ、とても美しいところなの。来なくてはだめ。そう、私の両親が問題になるだろうってことはわかってる。でも学校の友達が来る週末に来たらいいわ。週末には仕事をする必要はないでしょ。それがいちばんいい時ね。もしあなたが来なければ、私が車でここに会いに来る。工場の外まで迎えに来るわ。あなたを乗せるの。ああ、何とか手はずを整えましょう、どんなことをしてでも。一緒に本当に素敵な時を過ごしましょうよ、2人だけで。 |
| **ジョージ** | : そうできたら僕は世界一幸せです。 |
| **アンジェラ** | : 二番目にね。 |
| **ジョージ** | : ああ、アンジェラ。どんなにあなたのことを愛しているか伝えられたら。すべてをお話しすることができたらいいのですが。 |
| **アンジェラ** | : 話して。話して、何もかも。 |

屋外－ドラッグストア－夕方－アリスが歩道で、ジョージが買い物するのを待っている。

屋外／屋内－診療所－夜－アリスが不安そうにワイランド医師と面談しているあいだ、ジョージは通りの反対側で待っている。

| | |
|---|---|
| **医師** | : ハミルトンさん、年齢は？ |
| **アリス** | : 22歳です。 |
| **医師** | : 結婚してどのくらい？ |
| **アリス** | : 3か月です。 |
| **医師** | : さてと、まあ…お座りください。どうなさいましたか、ハミルトンさん？ 私に話すのを怖がる必要はありませんよ。それが私の仕事ですから、皆さんの問題に耳を傾けるのがね。 |

■ **as much**
as much in love with you (as now)と、カッコ内を補って考える。

■ **pick-up**
= a hitchhiker who is given a ride; a temporary chance acquaintance; a free ride in a motor vehicle; the people or things collected
pickupと表記することもある。

■ **just the two of us**
2人しかいないということを強調する表現。
ex. Now we are here... just the two of us.（今、ここには僕ら2人だけしかいないんだ）
cf. We are here alone now.（ここには僕らだけしかいないんだ）

■ **Tell Mama**
ふざけている様子がわかる

■ **drugstore**
医薬品や化粧品などを買うことができる店。pharmacyもドラッグストア、薬局と訳されることがあるが、pharmacist（薬剤師）が働いている店のこと。イギリス英語では薬剤師あるいは店そのものをchemistと呼ぶこともある。

■ **How long married**
= How long have you been married?

■ **What seems to be the trouble?**
= What's the matter?; What's wrong?; What's troubling you?

| | | |
|---|---|---|
| ALICE | : Well, it's like this. My husband hasn't much money. And I have to work to help pay the expenses. | it's like this こうなんです |
| DOCTOR | : Yes? | |
| ALICE | : When I found out I was going to have a baby... we didn't see... We didn't know any doctors. | |
| DOCTOR | : What business is your husband in, Mrs. Hamilton? | |
| ALICE | : Electrician. | |
| DOCTOR | : Well, now. That's not such a bad business. At least they charge enough! | charge 充電する |
| ALICE | : We can't afford to... | can't afford to ～する余裕がない |
| DOCTOR | : Of course, there are free hospitals, you know? | free hospital |
| ALICE | : I know. Free hospitals don't solve everything. | Free hospitals don't solve everything |
| DOCTOR | : Tell me, how did you happen to come to me, anyhow? | happen to たまたま～する anyhow それはともかく, いずれにしても |
| ALICE | : I heard people say you were a good doctor. | |
| DOCTOR | : I see. Mrs. Hamilton, when you went to the altar three months ago, you must have realized you might have to face a situation like this. Well, now, once you make up your mind to face this bravely, you'll find all these problems have a way of sorting themselves out. Medical bills, clothes. I know. I know my wife and I worried at first. But now we can look back and realize that... | altar 祭壇 once いったん～すると have a way of ～するものである, ～するのが普通である sort out 解決する, 片付く medical bills 医療費 |
| ALICE | : It's not like that! I'm not married. I haven't got a husband. | |
| DOCTOR | : All right, that won't do any good. Where is the young man? | won't do any good 仕方がない |
| ALICE | : He deserted me. What'll I do? Somebody's gotta help me. | desert 見捨てる |

62

| | | |
|---|---|---|
| アリス | : | ええと、実はこうなんです。主人はお金があまりありません。それで、私が家計を助けるために働かないといけないんです。 |
| 医師 | : | それで？ |
| アリス | : | 子どもができたってわかった時…私たち、診てもらいませんでした…知っているお医者さんがいなかったものですから。 |
| 医師 | : | ご主人のお仕事は何ですか、ハミルトンさん？ |
| アリス | : | 電気技師です。 |
| 医師 | : | さてと。それは悪くはない仕事ですね。少なくとも十分充電してくれますからね。 |
| アリス | : | 私たちには余裕が…。 |
| 医師 | : | もちろん、費用のかからない病院がありますよ。ご存知です？ |
| アリス | : | 知っています。無料の病院で問題がすべて解決するわけではないんです。 |
| 医師 | : | というと、ともかく、どういうわけで私のところに来ることになったのですか？ |
| アリス | : | 先生がいいお医者さんだって聞いたものですから。 |
| 医師 | : | そうですか。ハミルトンさん、3か月前に祭壇の前に立たれた時、今のような状況に直面する可能性があることはわかっておられたでしょうね。さて、いいですか。あなたが勇気をもってこの状況を受け止める決心をすれば、こういった問題はすべておのずから解決する道が開けるものですよ。医療費やら、洋服代やらね。わかります。私も妻も最初は心配したものです。でも今は振り返ってつくづく思いますよ、その…。 |
| アリス | : | そういうことではありません！　私、結婚してないんです。夫なんかいないんです。 |
| 医師 | : | なるほど。それはどうにもなりませんね。相手の男性は？ |
| アリス | : | 私を捨てていきました。私どうしたらいいんでしょう？　誰かに助けてもらわないと。 |

■ it's like this
これから述べることが説明だと言いたい時に用いる。「こうなんです」、「このような事情です」、「実は」のように訳される。

■ charge
charge は電池などを充電するという意味。ここでは、アリスの夫の職業が電気技師であると聞いたワイランド医師が、その職業ならば十分給料をもらっているはず、という意味のことを、電気の充電にかけて言っていると思われる。

■ free hospital
アメリカでは低所得者のために無料、あるいは低額で診察を受けられる医療施設や病院などがあり、charity care と呼ばれている。

■ Free hospitals don't solve everything
「無料の病院がすべてを解決するわけではない（無料の病院があるからと言ってすべてが解決されるわけではない）」ということ。

■ anyhow
= anyway

■ altar
キリスト教では結婚式を教会の祭壇の前で行う。そのため、ここでの「go to the altar」は「結婚する」という意味になる。

■ sort out
ここでの目的語は themselves なので、「自らを解決する、おのずから解決する」の意味になる。

■ won't do any good
「do ( + some, any, no, etc. ) + good」で「役に立つ」、否定の場合は「役に立たない」という意味になる。

■ desert
= abandon (a person, cause, or organization) in a way considered disloyal or treacherous

63

| | | |
|---|---|---|
| **DOCTOR** | : Miss Hamilton, my advice is go home and see your parents and tell them. It'll be much better that way, I assure you. So if you've come here to place yourself under my professional care during your pregnancy, I'll do everything to ensure your health and that of your child. On the other hand, if you've just come for free advice on material and financial problems... with which I can't help you... No, I cannot help you. | that way　そうするほうが<br>I assure you ☉<br>place...professional care ☉<br>pregnancy　妊娠<br><br>with which ☉ |
| **GEORGE** | : What did he say? | |
| **ALICE** | : He said he thought I ought to make a very healthy mother. | ought　〜するべき，〜するのが当然 ☉ |
| **GEORGE** | : Gee, Al. | |
| **ALICE** | : George, that's all you've been saying to me for weeks. | |
| **GEORGE** | : I'm trying to think. | |
| **ALICE** | : You just gotta marry me. Family or no family. This future of yours or no future. | |
| **GEORGE** | : Just looking at it that way settles everything. But we haven't got any money. And this thing comes out, I'm through. I won't... I won't even have the job I got now. | settle　〜を解決する，決着させる<br><br>through　だめになって ☉ |
| **ALICE** | : You're just stalling. | stall　言葉をにごす，ごまかす |
| **GEORGE** | : I'm not! I'm... I'm... I'm trying to think of... I want to figure out some way, maybe. I was thinking maybe when I get my vacation, first week of September. | figure out　(答などを)見つけ出す，考え出す |
| **ALICE** | : Oh, all right, that's when we'll do it. When you get your vacation, we'll go someplace way out of town and get married. You understand? | way out of town ☉<br>You understand ☉ |
| **GEORGE** | : Yeah, I understand. | |

| | |
|---|---|
| **医師** | ：ハミルトンさん、私としては、実家に帰ってご両親にお話しなさることをお勧めします。そのほうがずっといい、きっとそうですよ。それで、もしあなたが妊娠中に私の診察を受けたいということで、いらっしゃったのなら、あなたと赤ちゃんの健康を守るために何でもしますよ。でも、そうではなく、もしあなたが物質的な問題とか金銭的な問題で無料相談を受けにいらしたのだとしたら…その場合には、私には手助けできません…ええ、お力にはなれません。 |
| **ジョージ** | ：医者は何て言ったんだ？ |
| **アリス** | ：私は健康な母親になるべきだと思うって。 |
| **ジョージ** | ：参ったな、アル。 |
| **アリス** | ：ジョージ、あなたは何週間もそればかりよ。 |
| **ジョージ** | ：考えようとしてるんだよ。 |
| **アリス** | ：とにかく結婚してくれなくちゃ。あの家族から絶縁されたとしても。出世の道が閉ざされたとしても。 |
| **ジョージ** | ：そんな見方をするだけなら何もかも解決するさ。でも僕たちには金がない。それにこのことがバレたら僕はおしまいだ。僕は…僕は今ある仕事まで失くしてしまう。 |
| **アリス** | ：言い逃れだわ。 |
| **ジョージ** | ：違う！　僕は…僕は…僕は考えようとしてるんだ…何か方法を考え出したいんだ。考えていたんだ、9月の第一週に休暇をとったら、たぶん。 |
| **アリス** | ：ああ、いいわ、その時にしましょう。あなたが休暇をとったら、町から遠く離れたところに行って、結婚するの。わかった？ |
| **ジョージ** | ：うん、わかったよ。 |

■ I assure you
「断言します」、「きっと」

■ place...professional care
直訳すると「あなた自身を私の専門的な治療のもとに置く」となる。つまり「私の治療を受ける」という意味。

■ with which
この関係代名詞 which は直前の文章中の material and financial problems を受けている。I can't help you with material and financial problems という文の下線部が先行詞 materials and financial problems を修飾している。「help + O + with」で「O の〜を支援する、手助けする」となる。

■ ought
助動詞であるが to do と共に用いる。「ought + to + 動詞の原形」で「〜すべきである」、「〜するのが当然である」という意味。

■ through
ここでは「通り抜けて」の意ではなく、「(人などが) 役に立たなくなって」、「だめになって」の意味。

■ way out of town
out of town で「町を離れて」の意味。ここでの way は「かなり」、「はるかに」という副詞。
ex. You are way out of line.（言いすぎだよ）

■ You understand?
Do you understand? の Do you が省略されている。

*INT. / EXT. GEORGE'S BOARDING HOUSE – NIGHT – George enters his room and tears down the calendar off the wall. He pencils a circle around Friday September 1. A NEWSCASTER comes on the radio.*

| | | |
|---|---|---|
| **CASTER** | : | Now back again to the news. Well, it seems the fine weather we've been having here has been just a little too fine in some other parts of the country. In New York City, seven persons are reported as having succumbed over the weekend from the high temperature still prevailing. Meanwhile, nearer home, fine weather had its darker aspects, too. The State Highway Patrol reports that fatalities from traffic and other weekend accidents exceeded by four the high figure for the corresponding weekend last summer. Some 14 persons lost their lives. Among these, at least five were drowned. And several others received emergency first aid treatment at crowded lake resorts. So be careful. Remember, it may be your turn next or the turn of those nearest and dearest to you. Drive carefully, and if you aren't a good swimmer don't swim from unpatrolled beaches. Make your holiday death's holiday, too. |
| **ANGELA** | : | George! |
| | : | Hello, you. |
| | : | Oh, I've missed you so! |
| **GEORGE** | : | Me, too. Oh, I can't tell you how much. |
| **ANGELA** | : | Oh, I've the most wonderful news. So wonderful I had to drive all the way down to tell you. Mother and Dad want you to spend your vacation with us up at the lake. Well, you'll come, won't you? |
| **GEORGE** | : | I don't think I can. |

---

**tear** ～を引きちぎる
**newscaster** ニュース・アナウンサー ⊙

**succumb** 倒れる, 死ぬ
**temperature** 気温
**prevail** 広く行き渡る, 流行する
**darker aspects** 負の側面, マイナス側面
**Highway Patrol** ハイウェイ・パトロール ⊙
**fatalities** 死亡者数
**exceed** 超える
**by four** 4人 ⊙
**figure** 数
**corresponding** 相当する ⊙
**at least** 少なくとも
**drown** 溺死する
**emergency** 緊急
**first aid** 救急
**treatment** 処置
**nearest and dearest** （家族・親友などの）最も近しい人たち
**Make your holiday death's holiday** ⊙

**Hello, you** いたわね ⊙

**So wonderful I had to drive all the way** はるばる
**Mother and Dad...with us** ⊙
**won't you** ⊙

66

屋内／屋外－ジョージの下宿－夜－ジョージが部屋に入ってきてカレンダーを壁から引きちぎる。彼は鉛筆で9月1日金曜日に丸をつける。ニュースキャスターの声がラジオで流れる。

**キャスター** ：再びニュースです。この好天気は地域によっては、やや良すぎる模様です。ニューヨーク市ではこの週末、今なお続く高温で7人が死亡と報告されています。一方近辺でも、好天による暗い側面も現れました。州高速パトロール隊によると、交通事故やその他の事故による今週末の死者数は、昨年夏の同時期に比べて4人増加しました。約14人が死亡。うち少なくとも5人が溺死。ほか数人は、混雑した湖畔のリゾート地で救急処置を受けました。ですからご注意ください。いいですか、次はご自身または大切な人たちの番となるかもしれません。安全運転を。そしてもし泳ぎが得意でなければ、パトロールのない浜辺で泳がないでください。休暇中は死亡事故のないように。

**アンジェラ** ：ジョージ！
：いたわね。
：ああ、とても会いたかったわ！
**ジョージ** ：僕もです。ああ、言い表せないくらいとっても。

**アンジェラ** ：ねえ、とびきり素晴らしいお知らせがあるの。あまりに素晴らしいから、はるばる車で伝えに来たわ。父母があなたに湖畔で休暇を一緒に過ごしてほしいって。で、来てくれるでしょ？
**ジョージ** ：行けないと思います。

■ newscaster
「ニュースを読む人」、「アナウンサー」のこと。

■ Highway Patrol
公道などの治安維持、交通取締りを行う警官。州警察（state police）の役割を果たすこともある。

■ by four
by は、「～だけ、～の差で」と程度や差を示す。
ex. The team won by four points.（チームは4点差で勝った）

■ corresponding
corresponding weekend last summer で「去年と夏の同じ時期に相当する週末」の意味。

■ Make your holiday death's holiday
直訳すると「あなたの休日を死（という出来事）にとっても休日にしましょう」となる。「休暇中に死亡事故のないようにお過ごしください」という意味。

■ Hello, you
アンジェラが外からジョージの部屋の窓に向かって石を投げ、ジョージに声をかけている。

■ So wonderful I had to drive
「so ～ that ～」は「とても～なので～」という意味の構文。口語では that が省略されることがある。so wonderful that I had to drive と考えて、「とても素晴らしいので運転してきた」となる。

■ Mother and Dad...with us
「want ＋ O ＋ to 動詞の原形」で「O に～してもらいたい」となる。「母と父はあなたに休暇を一緒に過ごしてもらいたい」が直訳。

■ won't you
付加疑問。相手に同意を求めたり念を押したりする場合に使われる。ここでは肯定文の後の付加疑問なので、you'll の will を否定形にしている。

**ANGELA** : Oh, George, no! Look, this is my one chance to show you off to Mother and Dad. Take my word for it, I've got to!

**GEORGE** : I promised my uncle I'd spend some time with him during my vacation.

**ANGELA** : Well, that's perfect! Because your aunt and uncle are both coming up on the 3rd of September. That's when you're coming.

**GEORGE** : Oh, darling, I love you so much, so very much.

**ANGELA** : Oh...just think of it. We'll go swimming together, lie in the sun together, go horseback riding through the pine woods. And I'll make you breakfast for you every morning, and you can sleep late. I'll bring it in to you in your room.

**GEORGE** : And you love me.

**ANGELA** : Yes.

*INT. ALICE'S BOARDING HOUSE / GEORGE'S BOARDING HOUSE – NIGHT – Alice's landlady leads her to the phone.*

**ALICE** : Hello?

**GEORGE** : Listen, Al. I... I... I've gotta ask you a favor. Now, look, don't get angry at me. I've gotta ask you for an extra week.

**ALICE** : I don't have to give you anything.

**GEORGE** : You just got to, Al! See the thing is, I just talked to my uncle. He wants me to come up there... ah... up to the Bride's Lake and spend the first week of my vacation up there with them. It's important to both of us.

**ALICE** : Why is it important to us?

**GEORGE** : You see, I figure from the way he's been talking, if I go up there he's gonna give me a bonus.

*A Place in the Sun*

| | |
|---|---|
| **アンジェラ** | : そんな、ジョージ、だめよ！　ねえ、あなたを両親にお披露目する絶好のチャンスなの。信じてちょうだい、そうしなきゃ！ |
| **ジョージ** | : 休暇には叔父と過ごすと約束したんです。 |
| **アンジェラ** | : ええと、それならぴったりだわ！　あなたの叔母様、叔父様も9月3日に来るんですもの。その時にあなたも来ればいいでしょ。 |
| **ジョージ** | : ああ、あなたをとても愛しています。とっても。 |
| **アンジェラ** | : ねえ…考えてみて。一緒に泳いで、一緒に日光浴して、松林の中を乗馬するの。それから私は毎朝あなたに朝食を作るわ。あなたは寝坊していて。私があなたの部屋まで運んであげる。 |
| **ジョージ** | : そしてあなたは僕のことを愛してくれる。 |
| **アンジェラ** | : そうよ。 |

屋内 – アリスの下宿／ジョージの下宿 – 夜 – アリスの家主がアリスを電話のところまで導く。

| | |
|---|---|
| **アリス** | : もしもし？ |
| **ジョージ** | : 聞いてくれ、アル。お願いがあるんだ。なあ、いいかい、怒らないでくれよ。あと1週間くれないかな。 |
| **アリス** | : あなたには何もあげないわ。 |
| **ジョージ** | : 頼むよ、アリス！　ええと、実は、叔父とちょうど話をしたんだ。来てくれと言うんだ…ブライズ湖畔に、で、そこで休暇の第一週を皆で一緒に過ごそうと。僕たちにとって大事な話なんだ。 |
| **アリス** | : どうして私たちにとって大事なの？ |
| **ジョージ** | : いいかい、叔父の話しぶりでは、もし僕がそこに行けば、ボーナスがもらえそうなんだ。 |

■ Take my word for it
直訳すると「それに対して私の言葉を取りなさい」となる。「私の言葉を信じなさい」という決まり文句。
ex. You can take my word for it, I won't let you down.（信じて欲しい。君を失望させたりしないよ）

■ pine woods
woodsは人間の手が加わった小さい森を指す。またgroveは小規模の手入れされた林や木立、forestは人里離れた自然の大森林、jungleは規模としてはforestに近いが、熱帯にある森林を指す。

■ leads her to the phone
「lead + O + to + 場所」で、「Oを～に導く」となる。

■ favor
「ask you a favor」を直訳すると「あなたに親切な行為を求める」となる。相手に何かを頼む時の表現。

■ I don't have to...you anything
直訳すると「私はあなたに何もあげる必要はない」となる。ここでは、これ以上ジョージの願いを聞き入れることはできないと伝えている。

■ got
正しくはhaveを使ってYou just have toとするところ。

■ come
comeは、話し手が聞き手の方へ行く時に用いる。

69

GEORGE : It might be a lot of money. I don't know, two or three hundred dollars. We could sure use that.

ALICE : Oh, all right, you...you go up there for a week. I'll wait here.

could sure use ↻

## 映画と原作

### 長編小説『アメリカの悲劇』

　小説『アメリカの悲劇』（1925年）は、3部構成の長編で、20世紀初頭のアメリカ社会を描く。第1部は中西部の地方都市、カンザス・シティを舞台に、貧しい伝道師の息子、12歳のクライド・グリフィスが街頭で家族とともに布教活動をする場面から始まる。宗教的、因襲的な家庭に反発して、享楽的な生活に憧れるクライドは、ホテルのボーイになり、悪友と遊び始めるが、仲間と出かけたドライブで事故を起こし、そのまま現場から逃亡してしまう。

　小説第2部の舞台は、逃亡先のシカゴ。高級クラブのボーイとして働くクライドは、ニューヨーク北部でシャツ製造業を営む伯父に見出され、その会社で雇われる。クライドは、工場で働く女性ロバータと深い関係になる一方で、金持ちの令嬢ソンドラに夢中になり、結婚すれば、自分も上流階級にはい上がることができると思う。主人公をめぐる三角関係と、湖での事件にまつわる主な筋は、映画でも概ね原作に忠実に描かれている。

### 映画と原作の違い

　映画は原作のタイトルばかりか登場人物名も大きく変更しているが、大きな相違は、映画の冒頭シーンに明らかである。叔父を頼って就職するために町にやってくるジョージ・イーストマンが、叔父が経営する水着会社の看板の前で立ち止まる。そこをキャデラックに乗ったアンジェラが通り過ぎる。つまり、主人公のそれ

| | |
|---|---|
| ジョージ | ：かなりの大金かもしれない。わからないけど、2〜300ドルかな。そのお金があったらもちろんありがたいよね。|
| アリス | ：ああ、わかったわ。あなた…あなたは1週間そこに行く。私はここで待つわ。|

■ could sure use
「could use」で「〜があるとありがたい、〜があってもよい」の意味。sureは「たしかに」と強調する表現。　→p.53

までの過去については明らかにされない。いくつかの場面で示唆される以外は、作品の後半で本人が簡単に語るにとどまるのである。他方原作では第1部で、主人公の幼少からの生い立ち、その性格を形成した社会環境が克明に描写される。

　さらに小説では第3部において、主人公が殺人容疑で逮捕され、裁判、処刑にいたる経過が長々と語られる。そして死刑判決を受けたクライドは、自分が犯した罪を理解できないまま、結局電気椅子で死刑に処される。

## それぞれの結末

　映画は処刑の直前で結末を迎えるが、小説の最後「エピローグ」では、冒頭と同じような布教活動の場面が描かれている。第二のクライドともいうべき少年が登場し、悲劇が繰り返される可能性が暗示されるのである。貧しく教育もなく意志の弱い青年に罪はなく、彼に富と成功の夢を抱かせ、罪に走らせるアメリカ社会にこそ責任があることが示唆される。つまり小説では、「アメリカの夢」の崩壊をテーマに、ごく平凡な人間の欲望と犯罪を通して、悲劇を生み出すアメリカ社会が問題視されているのである。

　一方映画では、主人公と2人の女性との関係、溺死事件、その後の裁判に焦点が当てられている。アンジェラが刑務所を訪れ、愛を確かめるラストシーンも原作にはない。映画『陽のあたる場所』は小説『アメリカの悲劇』より、社会性が希薄になり、ハリウッドが好む美男美女のラブロマンスの傾向が強くなっているといえるだろう。

　　　　　　　　　　　　　長岡　亜生（福井県立大学准教授）

# Summer Vacation

*7 EXT. / INT. LAKE / LAKEHOUSE - DAY - Angela waterskis behind a boat driven by George. Angela's parents talk about George.*

| | | |
|---|---|---|
| **TONY** | : I've been meaning to talk to you about that, Ann. I'm not sure I approve of young Mr. Eastman. I certainly don't know what he's doing here. | approve of ～を是認する, 認める ◎<br>certainly 確かに, もちろん ◎ |
| **ANN** | : Oh, I do, Tony. He's here because I invited him. | |
| **TONY** | : Well, would you mind telling me why you encourage this? | Would you mind telling me ◎<br>encourage ～を助長する, 勧める |
| **ANN** | : Tony, you can be very unperceptive at times. Opposition only makes a boy of that type appear more attractive. I invited him, because I wanted to see him set down for twenty-four hours a day among people Angela really knows. | unperceptive 知覚力に乏しい, 鈍感な<br>at times 時々<br>Opposition only...attractive<br>set down 腰を降ろす, 身を横たえる<br>among ～の間で |
| **TONY** | : Hm, hm, hm. | |
| **ANN** | : She'll see whether he belongs or not. | whether he belongs or not ◎<br>belong いるべき所にいる, ～の中に入る資格がある |
| **ANGELA** | : Ow! Oh, come on! Oh, it's freezing! It's just like ice! Hurry up! | freezing 凍るような |
| **ANGELA** | : I've never been so cold in my life! | I've never been ◎ |
| **ANGELA** | : Oh, aren't you going in? | |
| **GEORGE** | : Sure. | Sure → p.37 |
| **ANGELA** | : Oh, no! George, put me down! | |
| **GEORGE** | : No? | |

*A Place in the Sun*

# 夏休み

DVD　00：54：45

---

屋外／屋内－湖／湖畔の別荘－昼－アンジェラはジョージが運転するボートの後ろで水上スキーをしている。アンジェラの両親がジョージのことを話している。

**トニー**　　：そのことについてはずっと話をするつもりだったんだ、アン。あの若いイーストマンを認めるかどうか決めかねているんだ。彼がここで何をしているのかまったくわからんよ。

**アン**　　　：あら、私はわかってますよ、トニー。彼がここにいるのは私が招待したからですわ。

**トニー**　　：ほう、なぜこんなことを後押しするような真似をしているのか教えてくれないかね？

**アン**　　　：トニー、時にあなたはとても鈍感なことがあるんですね。反対しても、あの手の男の子は余計に魅力的に見えるだけですよ。私が彼を招いたのは、1日24時間、アンジェラがよく知っている人たちの中で、彼が腰を落ち着かせるところを見てみようと思ったからですわ。

**トニー**　　：ふむ、なるほど。

**アン**　　　：あの子も彼がここにふさわしい人間かどうかわかるでしょうよ。

**アンジェラ**：ああ！　ちょっと助けて！　ああ、凍えそう！　まるで氷だわ！　早く！

**アンジェラ**：こんなに寒かったのははじめてだわ！

**アンジェラ**：あら、あなたは入らないの？

**ジョージ**　：もちろん入るよ。

**アンジェラ**：やめて！　ジョージ、下ろしてったら！

**ジョージ**　：いやなの？

■ approve of
「（人や物について）認める、よしとする」という意味。

■ certainly
＝without any doubt, definitely

■ Would you mind telling me
「Would you mind 〜ing」で「〜していただけませんか」という依頼表現。

■ Opposition only...attractive
ここでの make は使役動詞。「make + O + do」で「Oを〜させる」という意味になる。直訳すると「反対することはあのタイプの少年をより魅力的に見えさせるだけである」となる。

■ whether he belongs or not
「whether 〜 or not」で「〜かどうか（そうでないか）」。ここでは、「ジョージがその場にふさわしいか、場違いかどうか」という意味。

■ I've never been
現在完了形で「〜だった／したことがない」という意味。
ex. I have never been more ready.（私がこれほど準備万端だったことはかつてない）

| | | |
|---|---|---|
| ANGELA | : | Oh. Oh. Oh, it happens every time, every single time! |
| GEORGE | : | What does? |
| ANGELA | : | I freeze to death. It's the coldest lake I've ever known! |
| GEORGE | : | What did you go in for, then? |
| ANGELA | : | 'Cause it's my lake. |
| GEORGE | : | Yours? |
| ANGELA | : | Uh-huh. I found this trail when I was 14. Nobody lives here, you know. At least not on this part of it. It's in two parts with a little channel in between. There's a crumbly old lodge down at the end of the other part and some crumbly old boats. Come closer. |
| GEORGE | : | What do they call this lake? |
| ANGELA | : | Loon Lake. It's nice now. But sometimes it's weird, especially at sundown. I've never been able to feel the same about it since the drowning. |
| GEORGE | : | What drowning? |
| ANGELA | : | A man and a girl last summer. Nobody knows exactly what happened. I guess their boat capsized. It was five days before they found the girl's body. |
| GEORGE | : | And the man? |
| ANGELA | : | They never found him. |
| GEORGE | : | What was that? |
| ANGELA | : | A loon. George, what are you thinking about? |
| GEORGE | : | Nothing. Nothing at all. |
| | : | Hi. |
| ANGELA | : | Hi. And I used to think I was complicated. Are you worried about my family? |
| GEORGE | : | Yes, I suppose I am. |

every single time ～するたびに

freeze 凍えるほど寒い

What did you go in for

'Cause なぜならば

Uh-huh うん、そう
trail 小道, たどる道
At least 少なくとも

channel 水路

crumbly old 砕けやすい, ボロボロの

Loon Lake アビの湖
weird 不思議な, 気味の悪い

drowning 溺死

Nobody knows 誰も～を知らない

capsize 転覆する

What was that

Hi

suppose ～と思う

| | |
|---|---|
| **アンジェラ** | ：ああ。もう、いつもこうなの。いつも！ |
| **ジョージ** | ：何が？ |
| **アンジェラ** | ：凍えて死んじゃいそう。私が知っている中で一番冷たい湖よ！ |
| **ジョージ** | ：だったらなぜ泳ぐんだい？ |
| **アンジェラ** | ：ああ、だって私の湖だからよ。 |
| **ジョージ** | ：あなたの？ |
| **アンジェラ** | ：ええ。14歳の時にこの道を見つけたの。誰もここに住んでないわ、わかるでしょ。少なくともこちら側にはね。小さな水路が間にあって、2つに分かれているの。向こう側の端にボロボロのロッジがあるのよ。それにボロボロのボートも。ねえ、もっと近くに来て。 |
| **ジョージ** | ：この湖は何て呼ばれてるの？ |
| **アンジェラ** | ：アビの湖よ。今はきれいでしょ。でも時々不気味なの、特に日暮れ時とか。あの溺死事件以来、同じような気持ちには決してなれないけど。 |
| **ジョージ** | ：溺死事件？ |
| **アンジェラ** | ：去年の夏、男女がね。何が起きたのか正確には誰にもわからないの。2人の乗ったボートが転覆したんだと思う。5日後になって女性の死体が見つかったの。 |
| **ジョージ** | ：男のほうは？ |
| **アンジェラ** | ：見つからなかったわ。 |
| **ジョージ** | ：今のはなんだったの？ |
| **アンジェラ** | ：アビよ。ジョージ、何を考えてるの？ |
| **ジョージ** | ：いや、別に、何でもないよ。 |
| | ：やあ。 |
| **アンジェラ** | ：どうも。私、自分のことを複雑な人間だって前は思ってたわ。私の家族のことを気にしているの？ |
| **ジョージ** | ：うん、そうだと思う。 |

■ **every single time**
ここでの single は、「every time」（毎回毎回、〜するたびに）をさらに強めるための表現。「every single day」（毎日毎日）の single も同じく強調の役割。

■ **freeze**
「freeze to death」で「凍死する」

■ **What did you go in for**
「What 〜 for」で「なぜ、何のために」という意味。

■ **'Cause**
Because の縮約形。

■ **Uh-huh**
通例しりあがりの音調で、肯定の返事、相づちなどをあらわす（くだけた言い方）。

■ **at least**
「at the very least」は「最低限でも」という「at least」をさらに強めた表現。
「at most」は「多くて、せいぜい」の意。

■ **Loon Lake**
loon とはアビという鳥のこと。北半球に生息する渡り鳥で水辺に生息する。

■ **Nobody knows**
nobody は単数扱いなので三人称単数の s が付く。Anyone、everyone、someone なども単数扱い。
cf. Who knows?（誰にもわからない）

■ **What was that?**
鳥の鳴き声が聞こえたことに対して、ジョージが何なのかと尋ねている。

■ **Hi**
アンジェラと見つめ合ったので「やあ」と言っている。

■ **suppose**
「思う」という訳語を持つ単語のひとつ。think は話者の考えや事実に基づいて「思う」、guess は話者が確証なく「思う」、suppose は話者の経験や知識などから「たぶん〜と思う」という意味。

**ANGELA** : Don't. I've known them intimately for several years, and they're quite nice. Perhaps they are a little unused to you, but... but that'll come in time.

**GEORGE** : Suppose it doesn't?

**ANGELA** : I'd go anywhere with you.

**GEORGE** : You really mean that? You'd marry me?

**ANGELA** : Haven't I told you? I intend to.

*EXT. ALICE'S BOARDING HOUSE – DAY – Alice goes to the post box to collect the mail and newspaper. On the back page, she sees a photo of George in a boat on the lake with Angela and some other girls.*

*INT. LAKEHOUSE / BUS STATION – NIGHT – Many guests sit around the table having dinner.*

**TONY** : ...and every time I've had a millstone named Eastman round my neck.

**EARL** : I know just how you feel, Tony.

**TONY** : Speak for yourself, Earl.

**ANGELA** : What's golf got that a 20-mile hike hasn't?

**MARCIA** : Dad says it's the spirit of competition.

**ANN** : You know, I've hardly exchanged five words with this elusive nephew of yours. Pity, because I'm told he can be very charming. Anyway, I've put him on my right tonight to make sure he won't run away.

**CHARLES** : Well, my boy. I want you to know that I'm proud of you, the way you've been getting on.

**GEORGE** : I've so much wanted to make good, justify the confidence you've shown in me.

**CHARLES** : A young man who can meet people: and that's an asset we can always use up front. I've been thinking about a place for you up there with us in administration perhaps, where I can keep an eye on you myself.

76

| | |
|---|---|
| **アンジェラ** | : 気にしないで。あの人たちとは何年も親しく付き合ってきたけど、とてもいい人たちよ。おそらくあなたにあまり慣れていないけど…でも、そのうちうまくいくわ。 |
| **ジョージ** | : うまくいかなかったら？ |
| **アンジェラ** | : あなたとどこへでも行くわ。 |
| **ジョージ** | : 本気なの？　僕と結婚してくれる？ |
| **アンジェラ** | : そう言わなかった？　そのつもりよ。 |

屋外 – アリスの下宿 – 昼 – アリスは郵便受けのところに行き、郵便物と新聞を取り出す。新聞の最終ページに、彼女は、ジョージが湖でアンジェラやその他の女性たちと一緒にボートに乗っている写真を目にする。

屋内 – 湖畔の別荘／バス停 – 夜 – 多くの客人がテーブルを囲んで夕食をとっている。

| | |
|---|---|
| **トニー** | : …で、いつも私にはイーストマンという重荷があるわけだ。 |
| **アール** | : お気持ちわかりますよ、トニー。 |
| **トニー** | : わかるもんか、アール。 |
| **アンジェラ** | : ゴルフにあって、20 マイルハイキングにないものは？ |
| **マーシャ** | : パパが言うには、競争心ですって。 |
| **アン** | : ねえ、わたくし、こちらの逃げるのがお上手な甥ごさんとほとんど言葉を交わしていませんの。残念ですわ、とても素敵な方とうかがっていますのに。とにかく、今夜はわたくしに付き合っていただいて、逃げられないようにしますわ。 |
| **チャールズ** | : そうそう、言っておきたいのだが、君のことでは私も鼻が高い、君がうまくやっているということにな。 |
| **ジョージ** | : 僕はただしっかりやって、叔父さんが僕に示してくださった信頼は正しいと証明したいと思っているのです。 |
| **チャールズ** | : 人と出会うことのできる若者、それこそわれわれが常に仕事で使える財産だ。君にわれわれと一緒に、管理部などの仕事に就いてもらおうかと考えているんだ。私自ら見守ってやれるからな。 |

■ **Don't**
Don't の後に worry about them が省略されている。

■ **come in time**
そのうちにうまくいく。「時間に間に合うように目的地に到着する」が直訳。

■ **on the back page**
back page は、「新聞の裏ページ、最終ページ」のこと。第一面は「front page」という。

■ **millstone**
a millstone round one's neck で「(人の)首にかけられた石臼、重荷、悩みの種」という意味。

■ **Speak for yourself**
「自分のことだけを話しなさい」、「自分はそう思わない」、「余計なお世話だ」という意味。

■ **What's golf got...hike hasn't?**
関係代名詞 that の先行詞は what である。直訳すると「ハイキングにはない何がゴルフにはあるのか」となる。

■ **hardly**
準否定語。scarcely と同様「ほとんど～ない」と文意を部分的に否定。
ex. I've been so busy at work that I've hardly had any time to think about buying Christmas presents.（仕事があまりにも忙しくて、クリスマスプレゼントの買い物について考える時間がほとんどない）

■ **Pity**
it is a pity の it is が省略。
ex. It is a pity that he declined the offer.（彼がその申し出を断ったのは残念だ）

■ **I've put him on my right**
= I've put him on my right side at the table

■ **keep an eye on**
「keep one's eye on」も「注視する」という意味。「Keep your eye on the ball」は字義通りだと「ボールをよく見ろ」という意味だが、成句では「油断するな」という意味。

| | | |
|---|---|---|
| **CHARLES** | : Tony... | |
| **TONY** | : Yes? | |
| **CHARLES** | : Maybe we ought to take George along with us tomorrow. There are a few people at the club I'd like to have him meet... | ought to　〜すべきである |
| **ANGELA** | : Oh, no you don't. There's the Labor Day Ski Race tomorrow for the championship and George is my pilot. | Labor Day　レイバー・デイ<br>championship　優勝<br>pilot　操縦士 |
| **ANN** | : Well, which Mr. Eastman? | |
| **LULU** | : Mr. George Eastman. | |
| **ANN** | : Oh. Call for you, George. | Call for you |
| **GEORGE** | : Me? | |
| **ANN** | : You'd better bend an ear, Angela, it's a woman. | You'd better　→ p.21<br>bend an ear　耳を傾ける |
| **GEORGE** | : Hello? Yes. | |
| **ALICE** | : I... I'm here at the bus station. | |
| **GEORGE** | : Well, ah... | |
| **ALICE** | : You lied to me, George, for the last time. And now I want you to come and get me. | for the last time　最後に、それを終わりとして |
| **GEORGE** | : It's not going to be too...too easy right now. | |
| **ALICE** | : Now! | |
| **GEORGE** | : I'll do it tomorrow morning. | |
| **ALICE** | : I said now! And if you're not here in half an hour, I'll come where you are. I'll tell them everything, George! I mean it! | half an hour　30分<br>I mean it　本気よ |
| **GEORGE** | : Yes. | |
| **ANN** | : Tony. | |
| **GEORGE** | : Yes, I will. I'll leave right away. | |
| **ANN** | : Let's not go to Florida this winter. Let's stay right here. | |
| **TONY** | : Oh, wonderful. Fine. | |
| **GEORGE** | : It was a, that was a friend of my mother's. She's not well. | |
| **ANN** | : Oh, I hope it's not serious. | |

*A Place in the Sun*

| | |
|---|---|
| チャールズ | ：トニー… |
| トニー | ：はい？ |
| チャールズ | ：もしかすると、明日はジョージを一緒に連れて行ったほうがいいかもな。クラブで会わせたい人間が何人かいるんだ。 |
| アンジェラ | ：あら、だめですわ。明日は優勝がかかった労働者の日の水上スキー大会があって、ジョージは私のボートの操縦士なんですもの。 |
| アン | ：ええと、どのイーストマンかしら？ |
| ルル | ：ジョージ・イーストマンさんです。 |
| アン | ：そう。あなたにお電話よ、ジョージ。 |
| ジョージ | ：僕に？ |
| アン | ：注意したほうがよくてよ、アンジェラ、女性からですよ。 |
| ジョージ | ：もしもし？　はい。 |
| アリス | ：私…私、バス停にいるの。 |
| ジョージ | ：えっと、ああ… |
| アリス | ：嘘をつくのはこれきりよ、ジョージ。今すぐに私を迎えに来て。 |
| ジョージ | ：ちょっと難しいな…今すぐにというわけには。 |
| アリス | ：今すぐよ！ |
| ジョージ | ：明日の朝はどう？ |
| アリス | ：今すぐって言ったじゃない！　あと30分でここに来てくれなかったら、私がそこに行くわ。みんな話してやるわ、ジョージ！　私、本気よ！ |
| ジョージ | ：わかったよ。 |
| アン | ：トニー。 |
| ジョージ | ：わかった、そうするよ。今から向かうよ。 |
| アン | ：今年の冬はフロリダには行かないでおきましょうよ。こちらで過ごすことにしましょう。 |
| トニー | ：おお、それはいいね。結構だ。 |
| ジョージ | ：あの、電話は、母の友人からでした。母の具合がよくないと。 |
| アン | ：あら、あまりお悪くないといいのだけど。 |

■ ought to
義務や推量を表す。あることが最良、賢明であることを誰かに告げる際に用いる。ought not to が否定形。
ex. You ought not to sneer at her.（彼女を笑うべきではない）

■ Labor Day
「労働者の日」の意味。9月の第1月曜日に定められた祝日。

■ pilot
この場合では、水上スキーのボートの操縦士に用いる。

■ Call for you
正式には There is a call for you となる。= There is a phone/telephone call for you.（あなたにお電話です）

■ for the last time
この箇所の台詞を直訳すると「あなたは最後に嘘をついた」となる。ジョージがこれまでに何度も嘘をついたことをほのめかし、次はもう嘘をつかせない、嘘をつくのはこれが最後であるという意味を込めている。

■ half an hour
時間を示す表現。60分が an hour なので half an hour で30分。15分は4分の1を示す quarter を用いて quarter of an hour となる。
ex. I will see you there in a quarter of an hour.（そこで15分後に会いましょう）

| | | |
|---|---|---|
| **GEORGE** | : I don't know. I don't know. I...I ought to get home. I'll try and get a plane tonight if I can. | |
| **ANN** | : If it's not serious, do come back. We'll be expecting you. | do ⊃ |
| **GEORGE** | : I will, thank you. If you'll excuse me, I'll go pack. | go pack ⊃ |
| **ANN** | : Certainly. Goodbye, George. | |
| **TONY** | : Goodbye, George. | |
| **ANGELA** | : George, how long will you be gone? | gone　留守にする, 不在にする |
| **GEORGE** | : I don't know, darling. I just don't know. | |
| **ANGELA** | : You will come back to me, won't you, as soon as you can? | |
| **GEORGE** | : As soon as I can. | |
| **ANGELA** | : You promise? | |
| **GEORGE** | : I promise. | |
| | | |
| **GEORGE** | : Are you crazy, coming up here? Phoning me like that with my whole family listening in? | Are you crazy ⊃<br>with ⊃ |
| **ALICE** | : You weren't even staying with your family. You were staying with Angela Vickers. George, I'm through waiting for you. You're gonna marry me tomorrow, or I...I...I'll telephone the newspapers and tell 'em everything, and then I'll kill myself! | through　はじめから終わりまで, ずっと ⊃<br>tell'em　tell themの短縮形 |
| **GEORGE** | : Don't talk like that. | |
| **ALICE** | : You make me talk like that. Now, we'll go to Warsaw in the morning and get married. | Warsaw ⊃ |
| | | |
| **GEORGE** | : Let's get out of here. | |
| **ALICE** | : I won't get out of here until you say you will. That you're gonna do it! | you will ⊃<br>That you're gonna do it ⊃ |
| **GEORGE** | : All right. Come on. | |

80

*A Place in the Sun*

| | |
|---|---|
| ジョージ | : どうでしょう、わかりません。私は…あの、家に戻らないと。できれば今夜の飛行機に乗ろうと思います。 |
| アン | : もしそう深刻でないようだったら、ぜひ戻っていらっしゃいな。お待ちしていますわ。 |
| ジョージ | : そうさせていただきます。ありがとうございます。では失礼して、支度してきます。 |
| アン | : そうですね、ではまた、ジョージ。 |
| トニー | : またな、ジョージ。 |
| アンジェラ | : ジョージ、どれくらいで戻ってこれそうなの？ |
| ジョージ | : わからないよ、本当にわからないんだ。 |
| アンジェラ | : 私のところに戻ってくるわよね、できるだけ早く？ |
| ジョージ | : できるだけ早く。 |
| アンジェラ | : 約束してくれる？ |
| ジョージ | : 約束するよ。 |
| ジョージ | : こんなところまでやってきて、一体どうしたっていうんだ？ 家族がみんな聞いてるってのに、あんなふうに電話をかけてくるなんて。 |
| アリス | : 家族と一緒じゃなんかなかったわ。アンジェラ・ヴィッカーズと一緒だったんでしょ。ジョージ、あなたを待つのはもうごめんだわ。あなたは明日、私と結婚するの。そうでなきゃ、私…私、新聞社に電話して全部ばらしてやるわ。そうして私は死んでやるわ！ |
| ジョージ | : そんなふうに言うのはよしてくれよ。 |
| アリス | : そう言わせてるのはあなたじゃないの。さあ、明日の朝ワルシャワに行って、私たち結婚するのよ。 |
| ジョージ | : ここを出よう。 |
| アリス | : あなたが結婚すると言うまで私はここを離れないわ。そうするのよ！ |
| ジョージ | : わかったよ。行こう。 |

■ do
do、does、did を動詞の前に置くことで、動詞の意味を強調。ここでは命令文なので、より積極的な依頼・勧誘・提案・助言を意味する。
ex. Do stop talking!（話をやめなさい）
Do be careful!（よく注意しなさい）

■ go pack
= go and pack
「行って荷造りをする」から「荷造りをしに行く」という意味になる。go to pack と不定詞を用いて書き換え可能。アメリカでは、go の後の and は省略されることがある。

■ Are you crazy?
= Are you nuts?, Are you out of your mind?
話し相手に対し、話者が「気は確かか」、「おかしいんじゃないか」と言う時の表現。発言する状況には注意する必要がある。

■ with
「with + O + 〜 ing」の形を用いて「O が〜の状態で」と、同時に起こっている事柄を補足的に説明。
ex. I can't see with you standing there.（あなたがそこに立っていては、私は見えません）
The dog sat there with his tongue hanging out.（その犬は舌を垂らしてそこに座っていた）

■ through
「〜を終える」から転じて「〜するのはやめた、〜はうんざり」という意味になる。
ex. I'm through crying for you.（君のために泣くのはやめだ）

■ Warsaw
アメリカのワルシャワのことで、ポーランドの都市のことではない。

■ you will
この後には marry me が省略されている。

■ That you're gonna do it
I won't get out of here until you say that you're gonna do it (=marry me) ということ。

# The Loon Lake

**EXT. / INT. WARSAW COUNTY COURT HOUSE – DAY –** *George and Alice arrive at the court house to find the registry office is closed.*

**GEORGE** : Labor Day, it's a holiday.

**GEORGE** : Al, look, Al. Look, Al, it's not my fault! Besides, one day more is not gonna make any difference. Say there's a… there's a wonderful lake near here, Loon Lake, just the kind of place you've always wanted to go for a honeymoon. We could go up there. Hey, there's a lodge on it, too. If you like, we could ah… spend a day there, and then tomorrow we can come back here. Al, are you listening?

**ALICE** : Yeah, I'm listening.

**GEORGE** : Tell you what, why don't we… let's make a holiday of it. Everybody else is. Why don't we go get some sandwiches and then let's have a picnic on the lake? How's that?

**ALICE** : That sounds pretty good.

**GEORGE** : Look, Al, let's… let's not quarrel any more. Let's try and make the best of it, huh?

**ALICE** : All right, let's make the best of it.

*EXT. LAKE – DAY – George and Alice drive through the forest beside the lake. The car splutters to a halt. George gets out to see if there is any gasoline left in the tank.*

**GEORGE** : I should have stopped at that last station. Yep, bone dry! Stupid!

**ALICE** : Is the lodge very far from here?

---

county court house 郡庁舎
registry office 登記所

make a difference 違いを生じる, 効果(影響)を生じる, 重要である

Tell you what そうだ, こうしよう
make a holiday of it 休業して祝う, 休んで楽しむ

pretty

huh → p.53
make the best of…

splutter (エンジンなどが)間欠的に雑音を立てる
halt 停止, 休止, 中断

should have stopped
bone dry からからに乾いた, 干からびた

*A Place in the Sun*

# アビの湖

DVD　01:04:20

☐☐☐☐☐☐

---

屋外／屋内-ワルシャワ郡庁舎-昼-ジョージとアリスは郡庁舎にやってくるが、登記所は閉まっている。

**ジョージ**　：労働者の日だ、祝日だよ。

**ジョージ**　：ねえ、アル、聞いてくれよ、アル。僕のせいじゃない！　それに、もう1日先に延ばしたって、どうってことないじゃないか。ねえ…この近くにきれいな湖があるんだ。アビの湖っていって、君がずっと新婚旅行に行きたがっていたような、そんな場所だよ。そこに行ってみたらどうかな。ほら、そこにはロッジなんかもあるんだよ。もしよかったら、その…1日をそこで過ごして、明日また出直せばいいじゃないか。アル、聞いてるのかい？

**アリス**　：ええ、聞いてるわ。

**ジョージ**　：そうだ、こうしようよ…こんな日はゆっくり休んで楽しもうじゃないか。ほかのみんなもそうしてるよ。サンドイッチでも持って、湖でピクニックをしようじゃないか？　どうだい？

**アリス**　：それはすごくよさそうね。

**ジョージ**　：ねえ、アル、もう…ケンカはよさないか。こういう時こそ、うまくやらなきゃ。だろ？

**アリス**　：わかったわ。うまくやらなきゃね。

屋外-湖-昼-ジョージとアリスは湖のそばの森を車で走り抜ける。車はプツプツと音を立てて止まる。ジョージは車外に出て、タンクの中にまだガソリンが残っているかどうかを見る。

**ジョージ**　：さっきのガソリンスタンドに寄っておけばよかった。ああ、空っぽだ！　ばかだな！

**アリス**　：ロッジはここからかなり遠いの？

---

■ **county court house**
county とは州の下位行政区画である郡のこと。court house は courthouse と綴られることもあるが、アメリカでは「郡庁舎」のこと。「裁判所」の意味もある。この建物には、後にジョージの裁判が行われる裁判所も併設されている。

■ **registry office**
出生・結婚・死亡などを登録する機関

■ **Tell you what**
= I'll tell you what
文頭で、自分の意見や提案、思いなどを述べるときに前置きとして使う。→ p.84

■ **pretty**
pretty は、略式の言い方で、形容詞、副詞の前に置かれ、「かなり、相当、とても」の意味。very よりも意味は弱い。

■ **make the best of...**
不満足な事情などを、何とかうまく切り抜ける。不利な機会などを最大限に活用する。
ex. We have to make the best of our small income. (私たちは少ない収入でなんとかやりくりしなくてはいけない)

■ **halt**
stop より堅い語
cf.「bring + O + to a halt」で「O を止める」、「come to a halt」で活動などが停止する。

■ **should have stopped**
「should have + 過去分詞」で、実現されなかったことに対する非難や後悔を表す。ここでは「停まっておくべきだった」が実際には停まらなかったということ。
ex. You should have seen the festival. (君もそのお祭りを見ればよかったのに)

■ **bone dry**
bone は、副詞で「まったく、すっかり」の意。ここではガソリンが空っぽであることを強調している。

| | | |
|---|---|---|
| GEORGE | : No, it's ah... it's only just around the bend. | bend (道路の)カーブ, 曲がり角 |
| | : I'll tell you what, why don't we ah... Let's take our lunch and go down to the landing. We can rent a boat and have our picnic now. | I'll tell you what → p.82<br>landing 上陸場, 陸揚げ場(船, 飛行機などを離発着させるところ) |
| ALICE | : Now? | |
| GEORGE | : Yeah, I can pick up a can of gas later and come back and get the car. How does it sound? | How does it sound どう思う? |
| ALICE | : It sounds wonderful! | |
| ALICE | : Oh, it is beautiful! | |
| GEORGE | : Yeah. | |
| GEORGE | : How much to rent a boat? | |
| KEEPER | : 25 cents an hour. Two dollars all day. | |
| GEORGE | : Are there many people out on the lake today? | |
| KEEPER | : Got it all to yourself. | Got it all to yourself |
| GEORGE | : All right? | |
| KEEPER | : Are you people at the lodge? | you people |
| GEORGE | : Yeah. That is, we will be tonight. Probably spend a couple of days there. | |
| KEEPER | : You'll have to sign for it. | |
| GEORGE | : Sure. | |
| GEORGE | : Thanks a lot. | |
| KEEPER | : That's funny. | That's funny 変だな |
| GEORGE | : What? | |
| KEEPER | : I know another guy named Gilbert Edwards. Lives over at Westbrook. | guy (口語で)男, やつ<br>Lives over at Westbrook |
| GEORGE | : It's a pretty common name. | common 普通の, ありふれた, よくある |
| KEEPER | : Only two times I ever heard it. | |

| ジョージ | : いや…その曲がり角のちょっと先だ。 |
|---|---|
| | : ねえ、こうしよう…昼食を持って船着き場まで降りて行こうよ。ボートを借りて、今からピクニックしよう。 |
| アリス | : 今から？ |
| ジョージ | : うん、ガソリンはあとから僕が買いに行って、戻ってきてから、車に乗ればいい。どうだい？ |
| アリス | : それはいいわね！ |
| アリス | : まあ、きれい！ |
| ジョージ | : そうだね。 |
| ジョージ | : 貸しボートはいくらですか？ |
| 管理人 | : 1時間25セントですよ。1日なら2ドル。 |
| ジョージ | : 今日湖に出ている人は多いですか？ |
| 管理人 | : お客さんたちだけですよ。 |
| ジョージ | : これでいいですか？ |
| 管理人 | : ロッジにお泊まりですか？ |
| ジョージ | : ええ、つまり今夜からです。たぶん2, 3日滞在する予定です。 |
| 管理人 | : サインしてください。 |
| ジョージ | : わかりました。 |
| ジョージ | : どうもありがとう。 |
| 管理人 | : 変だな。 |
| ジョージ | : 何がですか？ |
| 管理人 | : ギルバート・エドワーズという名前の男をもうひとり知っているものでね。ウェストブルックに住んでる。 |
| ジョージ | : よくある名前ですからね。 |
| 管理人 | : 聞いたのはこれが二度目だけどね。 |

■ How does it sound?
= What do you think of that idea?
提案などに対して、相手がどう思うかを尋ねる表現。sound は「～のように聞こえる、思われる」

■ Got it all to yourself
「get (have) ～ all to oneself」で、「～をひとりで使うことができる」という意味。it はここでは湖を指している。ほかには誰もいないので、湖はあなた方だけのものであるということ。

■ you people
あなたたち、あなた方。類似の表現に you guys, you all などがある。

■ That's funny
= That's strange / weird
funny は「おかしい」の意味のほかに、主に口語で、「奇妙な、変な」の意がある。

■ Lives over at Westbrook
= He lives over at Westbrook

| | | |
|---|---|---|
| **GEORGE** | : This boat doesn't leak, does it? | leak （水などが）漏れる |
| **KEEPER** | : I don't rent leaky boats! | leaky 水漏れのする, 漏れやすい |
| **ALICE** | : Don't worry, my husband's a very good swimmer. | |
| **ALICE** | : It's so lonely here. It's like we were the only two people left in the whole world. Maybe we are. Maybe when we get back to shore, everybody else will have disappeared. I'd like that, wouldn't you? Then we could go anywhere we wanted. And we could live in the biggest house in the world. Only I'd like to live in a little house, just big enough for the two of us. Only there's gonna be more than two of us, isn't there? | the whole world 全世界 ◎<br><br>shore 岸, 海岸, 湖畔<br>will have disappeared ◎<br><br>the biggest house in the world ◎ |
| **ALICE** | : What's the matter, George? You look sick. | |
| **GEORGE** | : Nothing! Oh, I'm out of breath. I'm not used to rowing. | out of breath 息を切らして, あえいで<br>I'm not used to rowing ◎<br>for a while しばらくの間 |
| **ALICE** | : Well, rest for a while, dear. We can just drift. After all, we're not going anywhere. | drift 漂う, 漂流する<br>after all 結局のところ, 所詮 |
| **ALICE** | : Oh, look behind you. "Star light, star bright, first star I see tonight, wish me luck, wish me light, make my wish come true tonight." Did you make a wish? What did you wish? | Star light, star bright ◎<br><br>come true 夢などが実現する, 本当になる, 予言などが |
| **GEORGE** | : Nothing. | |
| **ALICE** | : Afraid it won't come true if you tell? | Afraid it won't come true if you tell ◎ |
| **GEORGE** | : Look, Al, I'm sorry that I've been so… so nasty to you. I didn't mean it. It's just things happen, and you just don't stay the same. I will make it up to you. I'll stick by you. | nasty 不快な, いやな, 不愉快な, 汚らしい, 卑劣な<br>make it up to （損失の）埋め合わせをする, 償いをする<br>stick by （人に）忠実である, ～を見捨てない, 支える, 約束などを守る |
| **ALICE** | : I do love you, George. | |

86

*A Place in the Sun*

| | | |
|---|---|---|
| **ジョージ** | ： | このボート、水が漏れてくることなんかないでしょうね？ |
| **管理人** | ： | 水が漏れるボートなんて、貸しやしませんよ！ |
| **アリス** | ： | 心配ないわ。夫は泳ぎが得意なんです。 |

| | | |
|---|---|---|
| **アリス** | ： | ここは本当に寂しいところね。世界中に私たち2人だけしかいないみたい。たぶんそうなのね。きっと岸に戻ったら、みんな消えていなくなってしまっているんだわ。それもいいわね。あなたもそうは思わない？　そうすれば私たち好きなところへ行けるわ。そして、世界で一番大きな家に住むことだってできるのよ。でも私は小さな家に住みたいわ。私たち2人に十分な広さがあればいいの。ただし、もうすぐ私たちは、2人だけではなくなるけどね、そうでしょう？ |

■ the whole world
whole は「全体の、全部の」の意で、「世界中」の意味が強調される。

■ will have disappeared
「will have + 過去分詞」で未来完了を表す。未来のある時点には完了してしまっているだろうということを表す。
ex. The concert will have finished by three.（3時までにはコンサートは終わってしまっているだろう）

■ the biggest house in the world
世界で一番大きな家（最上級の表現）

| | | |
|---|---|---|
| **アリス** | ： | どうかしたの？　ジョージ。具合が悪そうだけど。 |
| **ジョージ** | ： | 何でもないさ！　ああ、息切れがしてね。船をこぐのは慣れていないんだ。 |
| **アリス** | ： | あら、しばらく休んだらどうかしら。流されるだけでもいいわ。どうせ私たち、これから行くところがあるわけでもないのだし。 |
| **アリス** | ： | まあ、ほら見て、後ろ。「星の光、星の輝き、今夜見つけた一番星、叶うといいな、叶いますように。私の今夜のお願いが叶いますように」願い事した？　何をお願いしたの？ |
| **ジョージ** | ： | 何も。 |
| **アリス** | ： | 人に言ったら叶わないと思ってるの？ |
| **ジョージ** | ： | ねえ、アル、ごめんよ。とても…本当につらい思いをさせてしまって。そんなつもりじゃなかったんだ。とにかく、こんなことになってしまって、君も今まで通りというわけにはいかないだろう。この埋め合わせはきっとする。ずっとそばにいるよ。 |
| **アリス** | ： | 愛してるわ、ジョージ。 |

■ I'm not used to rowing
「be used to ～ing」で、「～することに慣れている」の意味。
ex. The boy is used to making his own breakfast.（その男の子は自分で朝食を作ることに慣れている）

■ Star light, star bright
"Star light Star bright" というタイトルの歌の歌詞から。ディズニー映画『ピノキオ』の中で一番星に願いをかける時の歌。

■ Afraid it won't come true if you tell?
前に Are you が省略されている。

87

**GEORGE** : We ought to get back. It's getting dark.

**ALICE** : That old man'll think we drowned! But, let's drift like this for a while, huh? I'm not afraid of the dark. It's so nice. I'll tell you what I wished. I wished that you loved me again. Oh, you'll see, we'll… we'll make a go of it if we give ourselves a chance. We'll… we'll go to another town where nobody knows us. And, we'll get jobs, may…maybe together. We'll… we'll do things together and go out together, just like any other old married couple. Oh, George, you'll see. After a while, you'll settle down and, and you'll be happy and content with what you've got, instead of working yourself up all the time over things you can't have. After all, it's the little things in life that count. Sure, maybe we'll have to scrimp and save, but we'll have each other. I… I… I'm not afraid of being poor.

**GEORGE** : Stop it, Al!

**ALICE** : Why? What's the matter?

**GEORGE** : Just stop it!

**ALICE** : George? What did you think of when you saw the star? You wished that you weren't here with me, didn't you? You wished that I was someplace else where you'd never have to see me again. Or maybe you wished that I was dead. Is that it? Do you wish that I was dead?

**GEORGE** : No, I didn't! No, just leave me alone.

**ALICE** : Oh, George. I know it isn't easy for you. I shouldn't have said that. I just…

**GEORGE** : Stay where you are.

| | | |
|---|---|---|
| **ジョージ** | ：戻ったほうがよさそうだ。暗くなってきた。| |
| **アリス** | ：あの人、私たちが溺れちゃったと思うわよね。でもしばらくこうして流されていましょうよ、ね？ 暗くても平気よ。すごくいい感じ。私が何をお願いしたのか、教えてあげる。私はね、あなたがまた私を愛してくれますようにってお願いしたの。ああ、ほらね、私たち…もう一度やり直せば、うまくいくと思うのよ。私たちね…私たち、知らない町へ行くの、誰も私たちのことを知らないところ。そして、仕事を見つけて、そう…たぶん一緒にね。私たち…いろんなことを一緒にやるのよ。2人で出かけるとか、ほかの夫婦がみんなやっているようにね。ああ、ジョージ、今にわかるわ。しばらくすれば、あなたも落ち着くでしょうし、幸せを感じるわ、自分がもっているものに満足して。手に入れられないもののために気を揉んでばかりいるのではなく。結局、人生で大事なことっていうのは些細なことなのよ。そうよ、私たち、つましく暮らしていかなきゃいけないだろうけど、でも私たちにはお互いがいるじゃない。私…私は…貧しいのは平気よ。| |
| **ジョージ** | ：やめてくれ、アル！ | |
| **アリス** | ：どうして？ どうかしたの？ | |
| **ジョージ** | ：とにかくやめてくれ！ | |
| **アリス** | ：ジョージ？ あなたあの星を見た時、何を考えていたの？ あなた、私と一緒でなければよかったと思ったのね、そうでしょう？ あなたは私がどこか別の場所にいて、もう二度と会わなくてすむようにってお願いしたんでしょう？ それか、たぶん、私が死んでしまえばいいと思ったのね。そうなんでしょう？ 私なんか死ねばいいと思ってるの？ | |
| **ジョージ** | ：いや、違う！ 違うよ。ちょっとほっといてくれないか。| |
| **アリス** | ：ああ、ジョージ。あなたにとっては簡単なことではないのよね。あんなこと言うべきじゃなかったわ。私はただ… | |
| **ジョージ** | ：そこにじっとしてるんだ。| |

■ old man
ここでは old は「老齢の」というより、親しみを込めた言い方。口語では「よく知っている」「なじみの」などの意でもよく使われる。

■ give ourselves a chance
give someone a chance で「(人)にチャンスを与える」

■ just like any other
other は、前述、既知のものに追加して「ほかの、それ以外の」の意。通例、any, some, no などを伴う語や数量を表す語句のあとで用いられる。ここでは自分たち「以外の」夫婦について言及している。

■ the little things in life
little things は、「ささいなこと、ちょっとしたこと、さまざまな事柄」
ex. Little things please little minds.(諺)小人はつまらないことに興ずる、ささいなことが小人物(狭量な人)を喜ばす。

■ (be) afraid of (doing something)
〜するのではないか、〜ではないかと心配する、恐れる
ex. The boy was afraid of being caught by the police.( 彼は警察に捕まるのを恐れた。)

■ it isn't easy for you
easy 容易な、簡単な、楽な
ex. That's easy for you to say. (あなたは簡単にそういうけれど。口で言うのは簡単だ)

# Seeing Angela Again

EXT. FOREST – NIGHT – *George stumbles through the forest. He trips on some BOY SCOUTS. One wakes and shines his torch on George.*

**SCOUT** : Who's there?
**GEORGE** : I... I'm trying to find... find the road. I was hiking, got lost. You know where the road is?
**SCOUT** : Yeah, it's down the trail about a quarter of a mile.

EXT. / INT. WARSAW COUNTY COURT HOUSE – DAY – *District Attorney FRANK MARLOWE arrives in his car with a barking dog.*

**MARLOWE**: Quiet, boy, quiet. Now stay there.

**OFFICER** : Good morning, Mr. Marlowe.
**MARLOWE**: Morning, Mack.

**BOB** : For you. Coroner.
**MARLOWE**: Yes, Doctor? Oh! Just wait a minute, will you? Bob, get these facts. All right now. Ah... yes. Young couple drowned. Then give me all the facts.

EXT. LAKESIDE HOUSE – DAY – *George arrives back to find the only person around is LULU.*

**LULU** : Oh.
**GEORGE** : Miss Vickers around?
**LULU** : No, she isn't. I think she's out playing tennis. In fact, everybody's gone somewhere.
**GEORGE** : Thank you.

*A Place in the Sun*

# アンジェラとの再会

DVD　01:15:53

☐☐☐☐☐☐

---

屋外－森－夜－ジョージはよろけながら森の中を歩いていく。彼はボーイスカウトたちにつまずく。ひとりが目を覚まし、ジョージを懐中電灯の灯りで照らす。

**スカウト**　：誰だ？
**ジョージ**　：道路を…その…探しているんです。ハイキングをしていて、迷ってしまったんです。道路へはどう行ったらいいのかわかりますか？
**スカウト**　：ああ、この小道を4分の1マイルほど行った先にあるよ。

屋外／屋内－ワルシャワ郡庁舎－昼－地方検事のフランク・マーロウが吠える犬とともに車で到着する。

**マーロウ**　：おい、静かに。静かにするんだ。さあ、ここにいるんだぞ。
**警官**　：おはようございます、マーロウ検事。
**マーロウ**　：おはよう、マック。

**ボブ**　：お電話です。検視官からです。
**マーロウ**　：はい、先生？ 何ですって？ ちょっと待ってください。ボブ、書き留めてくれ。はいどうぞ。ああ…はい。若い男女溺死。それでは事情をすべて説明してください。

屋外－湖畔の別荘－昼－ジョージは戻ってくるが、ルルしかいない。

**ルル**　：あら。
**ジョージ**　：ヴィッカーズさんはいますか？
**ルル**　：いえ、いらっしゃいません。テニスをしていらっしゃると思うんですが。実は、皆さまお留守です。
**ジョージ**　：ありがとう。

---

■ **stumble**
= slip; lose balance

■ **road**
（車などが通れる）広い道路のこと。「道路」の意味の一般語。street は両側に建物が立ち並ぶ（都市の）通り。avenue は両側に街路樹のある比較的広い道。

■ **You know where the road is?**
= Do you know …?
前に Do が省略されている疑問文。

■ **District Attorney**
主にアメリカで用いられる。地方検事、地区首席検事。特定の裁判管轄区で州や連邦政府の刑事事件を担当する。

■ **boy**
ここでは、オスの犬への呼びかけとして用いられている。

■ **For you**
（検視官からあなたに）お電話です。

■ **Coroner**
= It's the coroner
「検視官（から）です」の意味。
前に It's が省略され、電話の相手が検視官であることを伝えている。

■ **get these facts**
ボブに対してこれらの事実を書き留めておいてくれ、つまりメモをしてくれと頼んでいる。

■ **Miss Vickers around?**
前に Is が省略されている。

■ **in fact**
前言を補足・強化するつなぎ表現。前文の内容を明確にする情報を付加する。ここでは前文の内容を補足して、より正確な情報が提示されている。

91

| | | |
|---|---|---|
| **LULU** | : Mr. Eastman? Do you feel well? | |
| **GEORGE** | : Yeah, fine. | |

**ANGELA** : Hello, George. Oh, it's been centuries!

**GEORGE** : The maid said you were out playing tennis.

**ANGELA** : No, I was just watching them. I haven't even eaten anything since you've been away. Well, hardly anything. Don't go away again, George. Come on, here, come sit with me.
: How was your mother?

**GEORGE** : She's much better. She's much better. It wasn't as serious as they thought.

**ANGELA** : Oh, I'm glad of that. You look very tired.

**GEORGE** : I didn't get much sleep. I was even a little airsick on the plane.

**ANGELA** : Oh, poor George. Anyway, I've got good news. Mother and Dad are beginning to melt. You're winning them over with your boyish charm. I think maybe they'll let us make our announcement when I come home from school at Christmas.

**GEORGE** : At Christmas? Let's run away.

**ANGELA** : Run away?

**GEORGE** : Let's run away now. Right now.

**ANGELA** : Oh, but darling, we don't have to. Not the way things are going now. Oh, Mother will want a big wedding. Oh, I've always dreamed of having one, too, for as long as I can remember. All girls do. Here now, don't start getting moody again! Come on, you change and I'll meet you on the terrace.

*EXT. LAKE – DAY – Marlowe investigates the discovery of Alice's body with DETECTIVE KELLY and the boat keeper.*

**MARLOWE**: Find any identification on the girl?

**KELLY** : Yeah, this employment card. From the Eastman Industries.

---

it's been centuries ↺

out 不在で, 外出して

I haven't even eaten anything 何も食べてもいない ↺

hardly anything ほとんど何も

airsick 飛行機に酔った

poor George かわいそうなジョージ ↺
good news 良い知らせ, 朗報 ↺
melt ↺
win over （人を）首尾よく味方に引き入れる, 説得する
boyish 少年のような ↺

for as long as I can remember 私が思い出せる限りずっと, 私が物心ついた時からずっと

moody 憂鬱な, ふさぎ込んだ, 悲しげな, 不機嫌な

Come on → p.41

investigate 調査する, 捜査する, 取り調べる
Detective Kelly ケリー刑事 ↺

identification 身分証明書 ↺

| | |
|---|---|
| **ルル** | ：イーストマンさん？　ご気分はよろしいですか？ |
| **ジョージ** | ：ええ、大丈夫です。 |
| **アンジェラ** | ：お帰りなさい、ジョージ。ああ、待ち遠しかったわ！ |
| **ジョージ** | ：メイドの話では、君はテニスをしてるって。 |
| **アンジェラ** | ：いいえ、私は見ていただけよ。あなたが行ってしまってから、私は何ものどを通らなかったほどよ。えっと、ほとんど何もね。もうどこへも行かないで、ジョージ。さあ、ほら、私のところへ来て座って。 |
| | ：お母様はどうだった？ |
| **ジョージ** | ：ずいぶんよくなったよ。ずいぶんね。思ったほど悪くはなかった。 |
| **アンジェラ** | ：まあ、よかったわ。あなた疲れているみたいね。 |
| **ジョージ** | ：あまり寝てないんだ。少し飛行機で気分が悪くなったし。 |
| **アンジェラ** | ：まあ、かわいそうなジョージ。ところで、いいニュースがあるの。父と母の態度が和らいできてるの。あなたの少年のような魅力で、2人をとりこにしちゃってるのね。クリスマスの休暇に帰省した時に、たぶん私たちのことを発表させてくれると思うの。 |
| **ジョージ** | ：クリスマスに？　駆け落ちしよう。 |
| **アンジェラ** | ：駆け落ちですって？ |
| **ジョージ** | ：さあ、逃げよう。今すぐに。 |
| **アンジェラ** | ：ああ、でもあなた、その必要はないわ。今までとは状況が違うんだから。もう、母は盛大な結婚式がいいって言うわ。ああ、私も記憶の限りずっと夢見てきたの。女の子はみんなそうよ。ほら、またふさぎ込むのはやめて！　さあ、着替えてきて。テラスで待ってるから。 |

屋外－湖－昼－マーロウは、ケリー刑事とボート管理人とともに、アリスの死体発見について捜査する。

| | |
|---|---|
| **マーロウ** | ：女の身元がわかるものはあがったか？ |
| **ケリー** | ：はい、これが、従業員証です。イーストマン社の。 |

■ it's been centuries
centuries は数百年を意味するが、ここでは漠然とした長い時間を指し、会えなかった時間の長さを誇張している。

■ I haven't even eaten anything
現在完了の文。even は「〜でさえ、〜ですら」の意味。「ずっと何も食べることすらできなかった」と強調する表現。
ex. I haven't even had time to shave this week.（今週はひげを剃る時間さえなかった）

■ poor George
poor は、名前の前につき、「かわいそうな、気の毒な」の意味。この場合「貧しい」の意味はない。
ex. Oh, poor (little) thing!（まあ、かわいそうに！）

■ good news
news は単数扱いであることに注意。

■ melt
（感情が）次第に和らぐ、融ける、徐々に移り変わる

■ boyish
not masculine あるいは not manly ということ。

■ Detective Kelly
detective は「（警察の）刑事、巡査」のこと。呼びかけにも用いられる。米国の一般的な警察の階級は、下から police officer（巡査）, sergeant（巡査部長）, lieutenant（警部補）, captain（警部）など。

■ identification
同一人物であることの確認。
ex. Do you have any identification?（何か身分を証明するもの持っていますか）

**MARLOWE**: Alice Tripp or something, huh? Yep. You say the man gave his name as Gilbert Edwards?

**KEEPER**: Yep. You can drag that lake until you're blue in the face, you won't find him.

**MARLOWE**: How do you figure that, Bear Bait?

**KEEPER**: Well, I figure he left here in a auto. 'Cause when I went up to my cabin last night around suppertime, there was a little ol' Coupé parked off in the woods up there a piece. And then about nine o'clock, somebody started up that auto and drove it off awfully fast.

*EXT. LAKESIDE HOUSE – DAY – George steps outside and is surprised to be greeted by Marcia and some men and women.*

**MARCIA**: Hello, George.
**WOMAN 1**: Well, hello.
**WOMAN 2**: Hi.
**MAN 1**: Hey, George.
**MAN 2**: George.
**GEORGE**: Hello.
**MAN 3**: Hey, George, where you been? Got another woman stashed around someplace?
**ANGELA**: Oh, you've been gone so long.
**GEORGE**: Hey, can't we be alone somewhere?
**ANGELA**: We could take the speedboat.
**GEORGE**: Yeah. Come on.
**WOMAN 3**: So they wanna be alone. Well, we can't have that. Come on, Joe. Come on, you Lazy Bones!

*EXT. LAKE – DAY – George and Angela walk down to the edge of the lake. George and Angela run to try and get away in the boat before the others arrive, but to no avail.*

**ANGELA**: Go!
**WOMAN 1**: Hey, Angela, how about some company?
**WOMAN 2**: Yeah, come on, everybody!

| | | |
|---|---|---|
| **マーロウ** | ： | アリス・トリップだとか何とか、だな？　そうだ。男はギルバート・エドワーズと名乗ったと？ |
| **管理人** | ： | ああ。いやになるほど湖を捜索しても、やつは見つかりませんね。 |
| **マーロウ** | ： | どうしてそんなことがわかるんですか、ベア・ベイトさん？ |
| **管理人** | ： | あの、思うに、男は車でここを立ち去ったんです。なぜかって、昨日夕飯の時間あたりにボート小屋へ行った時、森のはずれに小型の古いクーペが、ちょっとの間停まってました。それから、9時頃、誰かがその車のエンジンをかけて、猛スピードで走り去ったんです。 |

屋外－湖畔の別荘－昼－ジョージは外に出、マーシャや数人の男女に呼びかけられ驚く。

| | | |
|---|---|---|
| **マーシャ** | ： | こんにちは、ジョージ。 |
| **女友達1** | ： | あら、こんにちは。 |
| **女友達2** | ： | どうも。 |
| **男友達1** | ： | よお、ジョージ。 |
| **男友達2** | ： | ジョージ。 |
| **ジョージ** | ： | こんにちは。 |
| **男友達3** | ： | おい、ジョージ。ずっとどこへ行ってたんだ？　どこかに別の女でも隠してるのか？ |
| **アンジェラ** | ： | まあ、ずいぶん長い間戻ってこれなかったのね。 |
| **ジョージ** | ： | ねえ、どこかで2人だけになれないかな？ |
| **アンジェラ** | ： | スピードボートに乗りましょうよ。 |
| **ジョージ** | ： | よし、行こう。 |
| **女友達3** | ： | どうやら2人きりになりたいのね。でも、そうはさせないわ。早く行くわよ、ジョー、早く。ぐうたらね！ |

屋外－湖－昼－ジョージとアンジェラは、湖畔まで歩いて行く。ジョージとアンジェラは、ほかの者が来ないうちにボートを出そうとするが、思い通りにならない。

| | | |
|---|---|---|
| **アンジェラ** | ： | 行くわよ！ |
| **女友達1** | ： | ねえ、アンジェラ、おじゃましてもいいかしら？ |
| **女友達2** | ： | そうよ、早く、みんな！ |

■ Yep
= yes

■ give his name
「give one's name」で「自分の名前を言う、名を告げる、(姓名を)名乗る」の意味。

■ You're blue in the face
blueは「しょげている、憂鬱な、気が滅入る」という意味。

■ Bear Bait
ボート管理人のことを指す。「熊いじめ」のような意味。本作品の監督の息子らによるDVDの音声解説によると、監督自らつけた、管理人を演じた俳優のあだ名だったらしい。

■ suppertime
supperは、特に昼に主要な食事（dinner）を食べた後にとる軽い夕食。supperの語源はsup。sup upはすする、さじで飲むこと。スプーンでsoupを飲むような簡素な食事のこと。
ex. the last supper（最後の晩餐）

■ ol' Coupé
old coupeということ。つまり古いクーペ車。クーペは、4人乗りのセダンと異なる、通例2人乗りで2ドアの自動車。

■ a piece
米南部・ミッドランドの表現で、「一定の距離、しばらくの時間」の意味。

■ start up that auto
start up～は、「車・機械などを始動させる」という意味。autoはautomobile（自動車）の略。やや古い言い方。

■ awfully
口語で「とても、ものすごく」の意味。
awfulは「とても悪い、ひどい」の意味。
ex. How awful!（さんざんだったね）

■ Where you been?
Where have you been?ということ。「どこへ行っていましたか」、「しばらく会わなかったがどうしていましたか」と尋ねている。

■ how about some company?
「how about～?」「～はどうですか」「～についてはどうですか」と提案、勧誘を表現したり、意見、情報を求めたりするときに用いる。
companyは、「仲間、連れ」（不可算名詞）
ex. Two's company, but three's a crowd.
（2人なら仲間、3人では仲間割れ）

| | | |
|---|---|---|
| **MAN 1** | : | …that's all. |
| **MAN 2** | : | How about us? |
| **CASTER** | : | …so far they… |
| **WOMAN** | : | There's no room for you! |
| **MAN** | : | Oh, we'll fix that. |
| **WOMAN** | : | Oh, no. |
| **CASTER** | : | …District Attorney Frank Marlowe's officers to investigate further. Less than an hour ago, the coroner informed the press that although the girl's death was caused by drowning, marks and bruises on her face and head would indicate a struggle took place. The District Attorney, meanwhile, is believed to have evidence that the girl's male companion may still be alive. Three Boy Scouts have reported that a young man, visibly upset... |
| | : | …this is the main clue so far in the deepening mystery surrounding… |

no room　空き場所がない

further　さらに
Less than an hour　1時間未満、1時間に満たない◎
informed the press that◎
caused by drowning　溺死による◎
indicate　示唆する
struggle　争い
take place　起こる◎
evidence　証拠
companion　連れ
visibly　目に見えるほどに、明白に

surrounding　～をめぐる◎

## 不気味な「アビの湖」

「アビの湖」において、主人公がアリス殺害を企てるシーンは映画の見所のひとつだろう。アビは全長60センチほどの中型の水鳥で、アメリカやユーラシア大陸に広く生息しており、アメリカでは夏場の森の湖においてよく知られ、「ダイバー」の異名をとる潜り手である。鳴き声は騒々しく、遠くまで響き、愁いを含んだような笑い声に聞こえる。

"loon"は、スカンジナビア発祥の言葉といわれ、アメリカでは17世紀頃の文献に見られる。「意気消沈した、疲れた」という意味から来ているとされ、「価値のない人」という意味も持つ。また、"crazy

| | | |
|---|---|---|
| 男友達1 | : | …そこまでだ。 |
| 男友達2 | : | 僕たちは？ |
| キャスター | : | …今のところ… |
| 女友達 | : | もうスペースはないわよ！ |
| 男友達 | : | なんとかするよ。 |
| 女友達 | : | ああ、もう。 |
| キャスター | : | …フランク・マーロウ地方検事の捜査官が、さらに捜査を行ないます。まだ1時間もたっていませんが、検視官がマスコミに伝えた情報によると、女性の死は溺死によるものです。ただ、顔面や頭部に打撲があり、争われたことが示唆される、とのことです。一方、地方検事は、女性の連れの男性が生存している可能性があるとの証拠をつかんでいる、とみられています。3人のボーイスカウトの話では、若い男が見るからにあわてていた様子で… |
| キャスター | : | …以上が、深まる謎を解く重要な手がかりであります… |

■ Less than an hour
cf. more than は「〜を超える、〜より多い」の意味。数量を大雑把に示す場合は、それぞれ、〜以内、以下、以上のように訳される場合もあるが、厳密には、than 以下の数量を含まないで、それより少ない、多いことを意味する。

■ informed the press that
「inform + A + (that)節」で、「(公式な形で) A (人・当局など) に通知する、知らせる」の意。press は、「新聞などの報道機関、マスコミ」

■ caused by drowning
cause は、「〜の原因となる、〜を引き起こす」の意。drowning は「溺死」→ p.74

■ take place
「(事が) 起こる、発生する」の意。内容より発生の事実に焦点を当てる happen と違って、しばしば具体的な情報とともに、因果関係を考慮しながら確信をもって伝える際に好まれる。予定された行事だけでなく、ここでの用法にあるように、accident, attack, crime, murder などが「起こる」場合にも用いられる。

■ surrounding
このあとに、the drowning at Loon Lake. などが続くと考えられる。surround (動詞) は、「(人や物を) 取り囲む、包む」の意味。

---

as loon" という熟語からはアビが「狂気」の象徴であることがわかる。その不気味な鳴き声は「死」の象徴とも捉えられてきた。アビは日本にも渡来し、平家鳥とも呼ばれ、その声は海の藻屑と消えた平家の嘆きだと言われている。アビの暗いイメージは映画にも用いられ、湖で木霊する不吉な声はジョージを「狂気」へと導き、彼の人生に暗い影を投げかけるのだ。

　それでもアビは、カナダではコインの模様になっているほか、作家ヘンリー・D・ソローの『森の生活』にはアビと作家のあたかも対等にみえる愉快な駆け引きが記されている。

須田　久美子（同志社大学属託講師）

# Mounting Anxiety

**10** *EXT. / INT. LAKESIDE HOUSE – DAY – George sits in a somber mood on the ground with the others.*

somber 憂鬱な, きまじめな

**ANN** : You look tired, George.
**ANGELA** : That's what I told him.
**ANN** : Why don't you go inside and take a rest?
**GEORGE** : I think maybe that's a good idea. Excuse me, won't you?

That's what I told him ⓢ
Why don't you ⓢ

**MAN 1** : Hey, Earl. Any more news on the drowning over at Loon?
**EARL** : Well, it looks like the newspapers are trying to build it up into a murder case.
**FRANCES** : The odds are the fellow's still alive and he's drowned her.
**MAN 1** : Frances, you read too many murder mysteries.
**MAN 2** : She was probably a chatterbox like Frances, and he picked her up and he threw her overboard!

looks like ～のように見える
build it up 話をでっちあげる
odds 見込み, 可能性 ⓢ
fellow 男, やつ
the fellow's...drowned her ⓢ

a chatterbox おしゃべりな人

**FRANCES** : Ah! Put me down!

**BUTLER** : I've been looking for you, sir.
**GEORGE** : What is it?
**BUTLER** : Mr. Vickers would like to see you alone. He's in the living room, sir.

**TONY** : Sit down, will you? I thought that you and I might have a little chat before dinner. Care for a drink?
**GEORGE** : Please.

Care for a drink? ⓢ

98

# 募る不安

DVD　01：22：44
□□□□□□

屋外－屋内－湖畔の別荘－昼－ジョージは憂鬱そうな面持ちでほかの人たちと地面に腰をおろしている。

| | |
|---|---|
| **アン** | ：疲れているようね、ジョージ。 |
| **アンジェラ** | ：私もジョージに同じことを言ったのよ。 |
| **アン** | ：中に入って、お休みになったらいかが？ |
| **ジョージ** | ：それはいい考えかもしれませんね。失礼してもよろしいですか？ |
| **男友達1** | ：ねえ、アール。アビの湖の溺死事件だけど、その後のニュースはどうなってる？ |
| **アール** | ：そうだな、新聞は、殺人事件にでっちあげようとしているみたいだ。 |
| **フランシス** | ：きっと、男はまだ生きていて、その男が女性を溺死させたのね。 |
| **男友達1** | ：フランシス、推理小説の読みすぎだよ。 |
| **男友達2** | ：その女性はおそらく、フランシスみたいに、おしゃべりだったんだよ。それで男はその子を抱きかかえ、湖に放り投げたのさ！ |
| **フランシス** | ：きゃー！　下ろしてよ！ |
| **執事** | ：お探ししておりました。 |
| **ジョージ** | ：何か？ |
| **執事** | ：ヴィッカーズ様が、内密にお会いしたいとおっしゃっています。居間でお待ちです。 |
| **トニー** | ：座らないか？　夕食前に少し2人で話ができばと思っていたのだが。一杯どうかな？ |
| **ジョージ** | ：いただきます。 |

■ **That's what I told him**
「それは私が彼に言ったことです」と、相手の言葉をさらに強調して使っている表現。

■ **Why don't you ～ ?**
「なぜ～しないのですか」、「～してはどうですか」と、相手を勧誘する時に使う表現。

■ **odds**
「The odds are (that) ～」で「きっと～である」という表現。
ex. The odds are that she will understand my financial situation. (きっと彼女は私の財政状況を理解するでしょう)

■ **the fellow's...drowned her.**
the fellow's alive = the fellow is alive (あの男はまだ生きている)
he's drowned her = he has drowned her (彼が彼女を溺死させた)
それぞれ省略されているものが違うので注意すること。

■ **Care for a drink?**
Would you care for a drink? の would you が省略された表現。「一杯飲み物はいかがですか」と尋ねている。

99

**TONY** : I'm gonna make it a double.

: I'm going to be a little bit personal, George. It's about you and Angela and this talk going around about your getting married. Right now, I don't know whether I'm for you or against you. I don't know you well enough.

**GEORGE** : I know how you feel, Mr. Vickers.

: Who am I to think of marrying Angela? Angela has everything.

**TONY** : Talk of marriage aside, the fact is that we know almost nothing about your background.

**GEORGE** : There's not much to know, but what there is, I've wanted to tell you myself.

**GEORGE** : We... my family is... you know... very poor people. My family devoted their lives to a kind of religious work. Conducting sidewalk services and street singing. I was part of...part of all that, until the... the law came along and said I... I ought to go to school. But I only went to school till I was 13 years old. See... we didn't ever have any... any money for anything, so ah... I left home. I was gonna do something about it. Took any kind of job I could get. I was... busboy, elevator operator, caddie. I... I had no training, no... no education. Then I... I came here, went to work for my uncle. That's my background, Mr. Vickers. There's nothing very, very much to recommend any approval. But I love Angela more than anything in the world. I'd do anything to make her happy. Even if it's right that I shouldn't see her any more.

---

make it a double ダブルで作る

this talk going around 広まっているこの噂

for you or against you あなたに賛成なのか、反対なのか

aside ～は別にして、さておき

not much たいして～ない

devote their...work

sidewalk services 宗教上の儀式(礼拝)
the law 法、法律。法律にたずさわる職業。警官、警察

we didn't ever have any money

any kind of job いかなる種類の仕事でも
busboy ウェイターの助手
caddie ゴルフのキャディー

anything to make her happy 彼女を幸せにするどんなことでも
Even if たとえ～でも
it's right that I shouldn't see her any more

| | | |
|---|---|---|
| トニー | ： | ダブルにしておくよ。 |
| | ： | 少し個人的なことになるんだがね、ジョージ。君とアンジェラのことだ。君たちの結婚に関して噂が流れているんだ。今のところ私は、賛成なのか反対なのかわからない。君のことをよく知らないからな。 |
| ジョージ | ： | お気持ちはよくわかります、ヴィッカーズさん。 |
| | ： | アンジェラとの結婚を考えようなんて、この男はいったい何者なのか？ アンジェラはすべてをもっているというのに。 |
| トニー | ： | 結婚の話はさておき、事実われわれは君の素性を何ひとつ知らないんだ。 |
| ジョージ | ： | これといって特別なことはあまりありませんが、あるとすれば、僕のほうからお話しさせていただきたいと思っていました。 |
| ジョージ | ： | 僕たちは…僕の家族は…あの…とても貧乏です。僕の家族は、宗教活動のようなものに人生をささげていました。歩道で礼拝を行なったり、街頭で歌ったりしていました。僕も一緒に…その活動に参加していました。警察…が来て、学校に行くようにと言われるまでは。それでも学校へ行ったのは13歳まででした。とにかく…僕たちには…何をするにもお金がありませんでした。それであの…僕は家を出たのです。そのことで何かしなければと思いました。仕事をさがし、できること何でもやりました。僕がやったのは…テーブルを片付けたり、エレベーターボーイ、ゴルフのキャディーをしたりしました。僕は何の訓練も、教育も受けたことがありませんでした。それから僕…僕はこちらに来まして、叔父の会社で働くようになりました。ヴィッカーズさん、以上が僕の経歴です。本当に何ひとつと言っていいほど、認めていただけるようなことはありません。ただ、僕はこの世の何よりアンジェラを愛しています。僕はアンジェラを幸せにするためなら何だってします。僕がもうこれ以上アンジェラに会うべきではないということが、正しいとしても。 |

■ make it a double
「make + O + C」で「OをCにする」となる。ここではOであるitはウィスキーを指すので、ウィスキーをダブルで作るという意味。

■ this talk going around
= this talk (which is) going around
talkは「うわさ、憶測」、「go around」は、「（うわさなどが）広まる」の意。

■ for you or against you
forは「～に賛成して」、againstは「～に反対して」の意。
ex. Are you for or against this plan?（この計画には賛成ですか、反対ですか）

■ aside
名詞の後につけて用いる。
ex. Joking aside（冗談はさておき）

■ not much
「たいして～ない」という意味の部分否定的な表現。
ex. There is not much to tell you right now.（今、君に話すことはあまりない）

■ devote their...work
「devote + O + to + ～」で、「～にOを捧げる、費やす」。ここではOがtheir livesであり、「宗教活動に人生を捧げる」となる。

■ we didn't ever have any money
= we never had any money

■ busboy
「bus a table」は「テーブルの上の皿を片付ける」という表現。

■ anything to make her happy
「make + O + C」で「OをCにする」となる。ここではCは形容詞。

■ Even if
前文に続き、さらに話を付け加えている。

■ it's right that I shouldn't see her any more
「It is + 形容詞 + that ～」の構文。「that以下のことは～である」の意味。

| | | |
|---|---|---|
| **TONY** | : Easy, boy. Forthrightness is a prime virtue. Let me tell you, I admire your frankness. | easy リラックスしろという呼びかけ<br>boy ө |
| **ANGELA** | : I should apologize for eavesdropping, but I'm glad I listened. Well, Dad, does that answer all your questions? | apologize for わびる、あやまる ө<br>eavesdropping 盗み聞きする、立ち聞きする ө |
| **TONY** | : All I ask is that you two don't do anything hasty. | |
| **GEORGE** | : Let's get out somewhere. | |
| **ANGELA** | : We'll go for a drive. | go for a drive ドライブに行く |
| **GEORGE** | : I just wanna be alone with you, that's all I want. | wanna be alone ө |
| **ANGELA** | : Let's go. | |

*INT. ALICE'S BOARDING HOUSE – DAY – The landlady MRS. ROBERTS talks with Detective Kelly about Alice.*

| | | |
|---|---|---|
| **ROBERTS** | : I just can't believe it, that this horrible thing could happen to Alice. She was such a sweet, quiet girl. | |
| **KELLY** | : Ever meet any of her boyfriends? | Ever meet ө |
| **ROBERTS** | : There was a young man who took her out once in a while, but he hasn't been around in a few weeks. | once in a while 時々 ө |
| **KELLY** | : And who was he? | |
| **ROBERTS** | : It's a small town, Mr. Kelly. And any scandal would hurt my business something awful. | would hurt 〜をだめにするだろう ө |
| **KELLY** | : Well, lady, there will be a scandal if you don't cooperate. | scandal 世間を騒がせるような不正行為や事件、騒ぎ、中傷 |
| **ROBERTS** | : Well, now I never met him, mind you, but the girls said he was an Eastman. Oh, but it couldn't be… Not one of the Eastmans! | mind you いいかい、注意して ө<br>it couldn't be ө |
| **KELLY** | : Hello, get me the District Attorney's office in Warsaw. | |

*EXT. ROAD – DAY – Angela speeds down the road. A police officer sees her and gives chase on his motorcycle.*

| | |
|---|---|
| トニー | ：心配するな。率直さというのは最高の美徳だ。本当に、君のその実直なところには感心するよ。 |
| アンジェラ | ：立ち聞きしてしまったこと、謝らないと。でも聞けてよかったわ。ねえ、お父様、それでお父様の質問の答えは出たかしら？ |
| トニー | ：頼みたいのは、お前たち２人が事を急ぐようなことはしないようにってことだ。 |
| ジョージ | ：どこかに出かけよう。 |
| アンジェラ | ：ドライブしましょう。 |
| ジョージ | ：あなたと２人きりになりたい、それだけでいいんだ。 |
| アンジェラ | ：行きましょう。 |

屋内－アリスの下宿－昼－家主のロバーツ夫人が、アリスのことでケリー刑事と話をする。

| | |
|---|---|
| ロバーツ | ：ほんとうに信じられません、アリスがこんなひどい目にあうなんて。とてもやさしくて、おとなしい子でした。 |
| ケリー | ：彼女の恋人で誰か会ったことはありませんか？ |
| ロバーツ | ：時々アリスと一緒に出かけていた若者がいましたが、ここ数週間は見かけませんね。 |
| ケリー | ：その若者というのは誰でしたか？ |
| ロバーツ | ：ケリーさん、ここは小さな町です。こんな事件があると、商売がだめになってしまうんじゃないかと。 |
| ケリー | ：では、奥さん、ご協力いただかないと、それこそやっかいなことになりますよ。 |
| ロバーツ | ：そうですね、私はその若者に一度も会ったことはありません、本当に。でも女の子たちの話では、イーストマンの人だとか。まあでもそんなこともあるはずが…あのイーストマンの一族だなんてことは！ |
| ケリー | ：もしもし、ワルシャワの地方検事局につないでくれ。 |

屋外－道路－昼－アンジェラは車のスピードを上げて道を疾走する。警官がアンジェラを見てバイクで追いかける。

■ boy
仲間や息子に対する親しみを込めた呼びかけ。

■ apologize for
ex. I must apologize to you for not writing you sooner.(すぐにお返事できず、申し訳ありませんでした)

■ eavesdropping
= listening in on others' conversation secretly

■ wanna be alone
= want to be alone
aloneは「たったひとりで、自分（たち）だけで」の意。ここでの用法のように、２人以上にも用いる。

■ Ever meet...?
前にDid youが省略されている。

■ once in a while
= now and then, occasionally, from time to time
ex. We need to have fun once in a while, right?(たまには楽しみも必要ですよね)

■ would hurt
hurtは、「〜を傷つける、損害を与える」の意。ここでのwouldは不確実・推測的な気持ちを表す用法。

■ mind you
mindは、「気をつけて聞く、用心する、念をおす」の意。相手の注意を引きつけるために用いる。

■ it couldn't be
「〜であるはずがないであろう」という意味。仮定法を用いた婉曲表現である。

| | | |
|---|---|---|
| **ANGELA** | : Here we go! Look, he's gaining. | gain ～を増す |
| | : Safe! Safe and sound! | Safe and sound 無事に, つつがなく |
| **RADIO** | : Car four one. Calling car four one. Man believed in your vicinity. Wanted in question... | in your vicinity あなたの近くにいる<br>wanted in question 問題になっている指名手配の(男) |
| **OFFICER** | : This is the third time this summer, Miss Vickers. | |
| **ANGELA** | : I can't understand it! | |
| **RADIO** | : Height five ten, hair dark, complexion fair, build light. Believed to be wearing a leather jacket… | complexion fair 色白の顔<br>build light きゃしゃな, 細身の<br>Believed to be ～であると考えられている |
| **OFFICER** | : What's your name? | |
| **RADIO** | : …light pants and no tie. | |
| **GEORGE** | : George Eastman. | |
| **RADIO** | : …cars five seven, five nine… | |
| **OFFICER** | : Now, look Miss Vickers, I'd hate to someday be finding myself picking up the pieces of a pretty girl like you. Now, let's take it easy, will you? | I'd hate to ～したくない<br>pick up the pieces of 困難な状況を収拾する, 後始末する<br>easy 気楽に, くつろぐ |
| **ANGELA** | : Anything you say. | |
| **ANGELA** | : I just love that officer. He's so bloodcurdling. And he writes such a nice hand. | I just love that offifcer<br>bloodcurdling ぞっとさせる<br>writes such a nice hand |
| **ANGELA** | : Darling, what is it? | darling あなた |
| **GEORGE** | : I'm tired, very tired. | |
| **ANGELA** | : Yes, you… you must be. | you must be ～にちがいない |
| **GEORGE** | : Oh, darling, let's never leave this place. Let's just stay here alone. | let's never leave this place. この場所を決して離れずにいよう |
| **ANGELA** | : Don't let father upset you. I'm the one who counts. | |
| **GEORGE** | : You're the only one. The only one. People are gonna… they gonna say things, I know. Things about me. About me, I know. It's gonna make you stop loving me. | gonna say = going to say 言うだろう<br>it's gonna make you stop あなたはやめさせるだろう<br>stop loving me 私を愛することをやめる |

*A Place in the Sun*

| | | |
|---|---|---|
| **アンジェラ** | ：行くわよ！　ほら、むこうもスピードを上げてるわ。 | |
| | ：よかった！　もう大丈夫！ | |
| **通信司令係** | ：車両ナンバー41。41を追跡せよ。付近に容疑者の男がいると思われる。例の指名手配中の…。 | |
| **警官** | ：ヴィッカーズさん、これでこの夏三度目ですよ。 | |
| **アンジェラ** | ：そうだったかしら！ | |
| **通信司令係** | ：身長5フィート10インチ、髪は黒、色白で細身。革の上着を着用している模様… | |
| **警官** | ：名前は？ | |
| **通信司令係** | ：…淡色のパンツ、ネクタイなし。 | |
| **ジョージ** | ：ジョージ・イーストマンです。 | |
| **通信司令係** | ：…車両ナンバー57、59… | |
| **警官** | ：さて、ヴィッカーズさん、あなたのような美しい方の後始末をするようなことはしたくないんです。ご注意を。 | |
| **アンジェラ** | ：おっしゃる通りに。 | |
| **アンジェラ** | ：あの警官いいわね。ぞっとするわ。それに字もきれいだこと。 | |
| **アンジェラ** | ：ねえ、どうかした？ | |
| **ジョージ** | ：疲れた、とっても疲れたよ。 | |
| **アンジェラ** | ：ええ…きっとそうね。 | |
| **ジョージ** | ：ねえ、ここから離れないでおこう。2人だけでここにいようよ。 | |
| **アンジェラ** | ：父を怒らせるようなことはしないで。大事なのは私。 | |
| **ジョージ** | ：あなたしかいないんだ。あなただけ。人は…みんな、いろいろ言うよ、わかってる。僕のことをあれこれさ。僕のことをね、わかってる。それであなたも僕のことを好きでなくなってしまう。 | |

■ gain
= gain speed
「スピードを増す」ということ。

■ in your vicinity
「in the vicinity」で「〜の近くに」の意味。

■ wanted in question
後ろに regarding the drowning of Alice Tripp（アリス・トリップ溺死事件に関して）などが続くと考えられる。wantedは「（警察から）指名手配の」、in question は「問題になっている」の意味。

■ build light
light build ともいう。

■ Believed to be
前に He is が省略されている。
「be believed to」で「〜と思われる、〜とみられている」の意味。

■ I'd hate to
= I would hate to
ex. I would hate to think that people lost their lives for nothing.
（人びとが意味もなく命を落としたとは思いたくもない）

■ I just love that officer
love とは皮肉で言っている。

■ writes such a nice hand
「write a nice hand」で「きれいに字を書く」

■ darling
夫婦間や恋人同士の呼びかけに、男女を問わず用いられる。

■ you must be
ここでは be の後に very tired が省略されている。

■ let's never leave this place
Let's の否定形。not を使う場合は let's not とする。

■ it's gonna make you stop
「make + O + 動詞の原形」で「Oに〜させる」となる。

■ stop loving me
「stop + 動名詞」で「〜することをやめる」となる。

105

| | | |
|---|---|---|
| ANGELA | : Hush. Don't talk like that! | Hush しっ, 静かに |
| GEORGE | : …it's over. Huh? | Huh 何だって, どうしたの |
| GEORGE | : I was asleep. | asleep 眠って, 寝入る |
| ANGELA | : You were dreaming. You… you were talking. You said, "Not my fault." And then you said something I couldn't make out. And then you said, "Angela, don't hate me." That was a bad dream, George. A false dream, because I'll always love you. | Not my fault 僕のせいじゃない<br>make out 理解する<br>bad dream 悪い夢<br>false うその, 偽の |
| ANGELA | : Oh, we'd better go now. Mother's liable to send out a posse for us. | we'd better go now 今, 行ったほうがよい。<br>a posse 警官隊, 保安隊 |

## アメリカの悲劇

　映画の原作となった『アメリカの悲劇』、原題 *An American Tragedy*（1925年）の題材は、チェスター・ジレットがニューヨーク州北部のビッグ・ムース湖で同僚の女性グレース・ブラウンを溺死させたという1906年の事件（ジレット＝ブラウン事件）である（コラム p. 2〜3参照）。映画では、のちに事故現場となる湖にジョージを連れていくアンジェラの口から、そこで起きた同様の溺死事件について語られたり、ラジオから水難事故のニュースがたびたび流れたりもする。

　ドライサーは作品執筆のために、裁判が行われた郡裁判所を訪れ、法廷記録を調べるなど、この事件について徹底的に調査していた。事実、ほかにも類似の殺人事件をいくつも長年にわたって調査して

| | |
|---|---|
| アンジェラ | ：しっ、そんな言い方をしないで！ |
| ジョージ | ：…もうおしまいだ。何だって？ |
| ジョージ | ：僕は寝ていたんだね。 |
| アンジェラ | ：あなたは夢を見ていたのよ。あなたはね…あなたは言っていた。「僕のせいじゃない」って。そして私には聞き取れないことを何か言っていたわ。それから、こんなことも。「アンジェラ、僕のことを嫌いにならないで。」ってね。ああ、悪い夢だったのね、ジョージ。そんな夢は偽物よ。なぜって私はあなたのことをずっと愛しているから。 |
| アンジェラ | ：まあ、そろそろ帰らないと。母が捜索隊を寄こしそうよ。 |

■ Hush
他人を静かにさせるときに用いる、Shh や Shoosh より柔らかい言い方の間投詞。動詞としても用いられる。
ex. The news of the assassination hushed the crowd.（暗殺の知らせを聞いて大衆は静まり返った）

■ Huh?
この場合は、p.53 の huh の意味と違って、「どうした？」「何だって？」という不意打ちの驚きの表現に用いられる。

■ Not my fault
前に It's が省略されている。

■ bad dream
cf. nightmare, scary dream

■ we'd better go now
= we had better go now
「had better ＋動詞の原形」→ p.21
now は、「今、現在」から「直ちに、すぐに、さっさと」の意にもなる。

---

いたようである。当時、一見殺人などしそうにない平凡で貧しい青年が富や成功に憧れるあまり、上流階級の令嬢と結婚するのに邪魔になるかつての恋人（＝貧乏娘）を殺害するという事件が続けて起き、社会問題になるほどだったという。

　上流階級の生活・富を夢見た青年が、最後には死刑に処されなければならない、という過酷な筋書きを、ドライサーはアメリカにおける「悲劇」とみなした。つまり、これは、資本主義の欲望の世界に投げ込まれた人間に普遍的に起こりうる「悲劇」だったのである。だからこそ、一般的なアメリカ青年の考え方、生き方を代表するような青年を主人公に据え、出版社の反対を押し切っても、ドライサーは「アメリカの悲劇」というタイトルにこだわったのであろう。

　　　　　　　　　　　長岡　亜生（福井県立大学准教授）

# George's Arrest

**11** *EXT. LAKESIDE HOUSE – DAY – George and Angela arrive back at the house surprised to find a police car parked outside.*

**GEORGE** : You go in. I'll be along in a minute.
**ANGELA** : Every time you leave me for a minute, it's like goodbye. I like to believe it means you can't live without me.

*EXT. FOREST – DAY – George walks hurriedly through the forest to get away from the police officers. He comes across a MAN.*

**MAN** : Is your name George Eastman?
**GEORGE** : Yes.
**MAN** : You're under arrest.
**GEORGE** : Why? What for?
**MAN** : Start walking back down the road there, bub, and you'll find out. Go on, get going. And no monkey business, either.

**SCOUT** : That's him all right.
**MAN** : Mr. Marlowe, here's your baby.
**MARLOWE**: Then you're George Eastman? I suppose you know what you're charged with?
**GEORGE** : No.
**MARLOWE**: I suppose you don't know anything about the murder of Alice Tripp?
**GEORGE** : I'm not guilty.
**MARLOWE**: Oh, come on, son, we've got the evidence. You're not going to deny it, are you?
**GEORGE** : Yes, I deny it.
**MARLOWE**: In that case, there's nothing to do but take you over to the Vickers' house and see what your friends have to say about you.

---

be along やってくる, 追いつく
for a minute 少しの間, ちょっとの間

come across （偶然）〜（人）に出くわす

You're under arrest ⊙
What for 何の罪で ⊙
walk back 歩いて戻る, 引き返す
bub おい, 君 ⊙
monkey business 不正, いんちき, 悪ふざけ

all right 確かに, 間違いなく ⊙
your baby あなたの探していた男 ⊙
be charged with 〜の嫌疑をかけられる, 〜の罪で告発される

murder 殺人
guilty 罪を犯した, 有罪の, やましい, 後ろめたい
come on いいかげんにしろ, まさか, またそんなことを言って
son おまえ ⊙
evidence 証拠
deny 〜が事実でないと否定する
there's nothing to do but ⊙

108

*A Place in the Sun*

# ジョージの逮捕

DVD 01:31:39
☐☐☐☐☐☐☐

屋外－湖畔の別荘－昼－ジョージとアンジェラが別荘に戻り、外にパトカーが停まっているのを見て驚く。

**ジョージ** ：家に入って。僕もすぐに行くから。
**アンジェラ** ：ほんの少しの間でもあなたが私のもとを離れる度に、お別れのような気がする。私が信じたいのは、あなたは私なしでは生きられないということ。

屋外－森－昼－ジョージは警官から逃れようと森の中を大急ぎで歩く。ひとりの男に出くわす。

**男** ：君の名前はジョージ・イーストマンか？
**ジョージ** ：はい。
**男** ：君を逮捕する。
**ジョージ** ：なぜですか？ 何の罪で？
**男** ：来た道を歩いて戻ってみれば、わかるさ。さあ行って。変な真似はするなよ。

**スカウト** ：彼に間違いないです。
**男** ：マーロウさん、こいつです。
**マーロウ** ：では、君がジョージ・イーストマンだな？ 何の嫌疑だかわかるな。
**ジョージ** ：いえ。
**マーロウ** ：アリス・トリップ殺害について何も知らないということだな？
**ジョージ** ：僕はやってません。
**マーロウ** ：いい加減にしろ。証拠はある。否認はしないな？
**ジョージ** ：いいえ、否認します。
**マーロウ** ：そういうことなら、君をヴィッカーズ家に連れて行って、友人から話を聞くしかないな。

■ You're under arrest.
「お前を逮捕する」という決まり文句。警察官が逮捕時に用いる。アメリカではこの言い回しの後に、尋問に先立ち、身柄拘束した被疑者に知らせることが義務づけられている。これを Miranda warning と言う。"You have the right to remain silent. Anything you say or do can and will be used against you in a court of law. You have the right to an attorney. If you cannot afford an attorney, one will be appointed to you." (あなたには黙秘権がある。供述は、法廷であなたに不利な証拠として用いられる事がある。あなたは弁護士の立会いを求める権利がある。もし自分で弁護士に依頼する経済力がなければ、公選弁護人を付けてもらう権利がある)

■ What for?
1行上の You're under arrest. を受け、何の罪で逮捕されることになったのか聞いている。「under arrest for」で「～（の罪）で 逮捕する」
cf. get (be) arrested for 「～の罪で逮捕される」

■ bub
男性や少年への親しみをこめた呼びかけの口語表現。目下の者に対して使う。

■ all right
くだけた言い方で、「確かに、間違いなく」の意。通例、文の最後におかれる。

■ your baby
「one's baby」で、(個人が独自で) 手がけて (築いて) きたもの、責任をもつべきものを意味する。くだけた言い方。
ex. This is your baby. (これはお前の仕事だ)

■ son
青年に対する呼びかけ語として使われる。

■ there's nothing to do but
there's=there is
「there is nothing but ＋動詞の原形」で、「～するしかない」の意。
ex. I have nothing to do but listen to music. (音楽を聞くほかに何もすることがない)

**GEORGE** : Please don't take me back there! And I... I'll tell you all I can. Don't take me back there.

**MARLOWE**: I didn't intend to, son. I just wanted to see what you'd have to say. Take him to Warsaw, boys, and lock him up.

**MARLOWE**: I'll go over to the Vickers' place and see what they have to say about him.

*INT. LAKESIDE HOUSE – NIGHT – Marlowe has gathered the Vickers and Eastman families in the lounge. Earl calls someone on the phone.*

**EARL** : Now simply say he's a relative, came to the house once. You got that? Once. And have Hollister take his name off the...

**MARLOWE**: Miss Vickers, you had no inkling of his relations with that girl?

**ANGELA** : No.

**MARLOWE**: And none of you knew this boy was leading a double life?

**TWO** : No.

**ANN** : Mr. Marlowe, if you've no further questions for my daughter and me... will you excuse us?

**MARLOWE**: Of course.

**MARLOWE**: Mr. Vickers, I have no desire to harass an innocent person. I'd like to keep your daughter's name free of scandal, but if the newspapers get hold of her involvement...

**TONY** : I'll keep her out of the papers. You keep her name out of the trial.

**MARLOWE**: That may not be possible. The defense would have to agree to it.

| | | |
|---|---|---|
| ジョージ | : | 僕をあの家に連れ戻すのは、やめてください！そしたら…全部お話します。あそこにはもう連れていかないでください。 |
| マーロウ | : | そうするつもりはなかったんだよ。君が何と言うかちょっと試してみたかっただけだ。君たち、この男をワルシャワに連行して、留置しろ。 |
| マーロウ | : | これからヴィッカーズの家に行って、彼のことで話を聞いてくる。 |

屋内－湖畔の別荘－夜－マーロウはヴィッカーズ家とイーストマン家の人々を居間に集めている。アールは誰かに電話をかけている。

| | | |
|---|---|---|
| アール | : | それじゃ彼は親戚で、家に来たのは一度だけだと言っておけ。わかったか？　一度だけな。それからホリスターに彼の名前を従業員登録簿から消してもらえ。 |
| マーロウ | : | ヴィッカーズさん、彼とあの女性との関係を全く知らなかったのですか？ |
| アンジェラ | : | はい。 |
| マーロウ | : | どなたもこの男が二重生活を送っていたことを知らなかったと？ |
| 2人 | : | はい。 |
| アン | : | マーロウさん、娘と私にこれ以上ご質問がなければ…私たち失礼させていただいてもよろしいでしょうか？ |
| マーロウ | : | もちろんです。 |
| マーロウ | : | ヴィッカーズさん、私は何の罪もない方にご迷惑をおかけする気は毛頭ありません。お嬢さんの名前をスキャンダルから守りたいのです、だがもし新聞社がお嬢さんの関与を嗅ぎつけたとしたら… |
| トニー | : | 私は新聞社から娘を守ります。あなたは裁判に娘の名前が出ないようにしてください。 |
| マーロウ | : | それは無理かも知れません。弁護側の同意がいるのです。 |

■ just want to
ex. I just want to have a quick look, that's all. I'll give it back straight away. (ちょっと見せてほしいんだ。それだけ。すぐ返すから)

■ boys
仲間や連れを指すが、ここでは部下に向けて言っている。

■ take his name off
このあとに employee register（従業員登録簿）が続くと考えられる。
「take off」は「～を外す、リストなどから名前を削除する」の意味。

■ have no inkling of
「have an inkling of ～」で「見通しがつく」、「見当がつく」ということ。ここでは否定となっている
ex. My wife and I had no inkling that our daughter was planning on eloping. (妻と私は、娘が駆け落ちを計画しているとは夢にも思わなかった)

■ innocent
ex. Tom was innocent of the crime. (トムはその罪を犯してはいなかった)
対義語は guilty（有罪の）

■ keep your daughter's name free of
「keep + O + free of ～」で「Oを～から免れるように保つ」ということ。

**CHARLES** : The defense will agree to it. I'll see to that. I'll engage the boy's lawyers. And if it appears he's innocent, I'll spend a hundred thousand dollars to defend him.

**MARLOWE**: And if he's guilty?

**CHARLES** : If he is guilty, I won't spend a single cent to save him from the electric chair.

**ANGELA** : Thank you, Mother. Thank you, Lulu.

*INT. / EXT. POLICE CELL – DAY – George's lawyer BELLOWS and attorney ART JANSEN meet him in his cell.*

**BELLOWS** : All right, the boy's tired. I think that's enough for today.

**JANSEN** : Guess you're right.

**GEORGE** : Mr. Bellows, has there been any word from…?

**BELLOWS** : From Miss Vickers? No, George. You see, when Mr. Eastman engaged us to defend you, we made an agreement with the District Attorney not to drag Miss Vickers into the case unnecessarily.

**GEORGE** : Oh, of course.

**JANSEN** : It was in your interest, too.

**BELLOWS** : Her appearance on the stand would be irrelevant. I feel it might be damaging for you, too. We'll be back.

**JANSEN** : "After I got her out on the lake, I couldn't go through with it." "Then the boat turned over."

**BELLOWS** : You know, Art, he sold me. I believe his story.

| | | |
|---|---|---|
| チャールズ | ： | 弁護側は同意するさ。私が何とかしよう。私が甥の弁護士を雇おう。そして、もし彼が無実であるようなら、彼を守るために10万ドル使ってもいい。 |
| マーロウ | ： | それで、もし有罪なら？ |
| チャールズ | ： | 有罪なら、彼を電気椅子から救うために1セントたりとも出すつもりはない。 |
| アンジェラ | ： | お母様、ありがとう。ルル、ありがとう。 |

屋内／屋外 − 留置場 − 昼 − ジョージの弁護士ベローズと検事のアート・ジャンセンが留置場でジョージと会う。

| | | |
|---|---|---|
| ベローズ | ： | よし、やつも疲れたようだ。今日はここまでだ。 |
| ジャンセン | ： | そうだな。 |
| ジョージ | ： | ベローズさん、何か…連絡は来ていませんか？ |
| ベローズ | ： | ヴィッカーズ家のお嬢さんから？　ないね、ジョージ。ほら、イーストマン氏がわれわれに君の弁護を依頼した時、お嬢さんを不必要に事件に巻き込まないと地方検事と申し合わせをしたんだ。 |
| ジョージ | ： | ああ、なるほど。 |
| ジャンセン | ： | それは君のためでもあった。 |
| ベローズ | ： | お嬢さんが証言台に立てば、何の関連性もないということになるだろう。君にとっても不利になるかもしれないという気もするし。また来るよ。 |
| ジャンセン | ： | 「彼女を湖に連れ出しはしたものの、やり遂げることはできなかった。」「その後、ボートが転覆した。」 |
| ベローズ | ： | なあ、アート、僕には納得できた。彼の話を信じるよ。 |

■ defense
対義語は、prosecution という。
ex. The prosecution produced DNA samples to prove his involvement in the crime.（検察側は、彼の関与を証明するために、DNAサンプルを提示した）

■ I won't spend a single cent
ここでの single は強調の役割。「1セントたりとも」ということ。

■ save him from
「save + O + from 〜」で「Oを〜から救う」となる。

■ lawyer
弁護士を指す一般的な語。

■ attorney
= a person appointed to act for another in business or legal matters.（法的手続きの代理人）
アメリカでは「弁護士」の意味としては、lawyer より少しかたい語。イギリスでは、契約書作成や財産処分などを代行する事務弁護士を solicitor、法廷で訴訟事件を扱うことのできる法廷弁護士を barrister と呼ぶ。

■ drag Miss Vickers into
「drag + O + into 〜」で「Oを〜に引っ張り込む・巻き込む」ということ。

■ irrelevant
対義語は、relevant を用いる。
ex. You need to provide relevant documentation with your application.（申請書とあわせて、関係書類を提出しなければなりません）

■ go through with
= accomplish; achieve

# Guilt or Innocence

INT. LAKESIDE HOUSE – DAY – *Ann reads a newspaper with the headline: "EASTMAN WILL GET CHAIR – VOWS DISTRICT ATTORNEY," as Lulu tidies the clothes. Angela sits on a sofa staring out the window.*

**ANN** : No more newspapers, Lulu. Remember, I told you.

INT. COURTROOM – DAY – *Marlowe gives his prosecution speech about George. The court case is presided by JUDGE R.S. OLDENDORFF.*

**MARLOWE**: People of this state charge that the crime of murder in the first degree has been committed by the prisoner at the bar, George Eastman. They charge that the same George Eastman willfully, and with malice and cruelty and deception, murdered, then sought to conceal from the knowledge and justice of the world, the body of Alice Tripp. It will be for you, ladies and gentlemen, to decide what shall be done with this man, who has flouted every moral law, broken every commandment... who has crowned his infamy with murder.

**MARLOWE**: What were Alice's feelings for this defendant?

**WOMAN** : She was in love with him. Everybody knew that.

**MARLOWE**: What was this rule exactly, Mr. Whiting?

*A Place in the Sun*

# 有罪か無罪か

DVD　01：39：14

☐☐☐☐☐☐

---

屋内-湖畔の別荘-昼-アンは新聞の見出しを読む。「イーストマンに死刑判決が-地方検事が言明」ルルは衣類をたたむ。アンジェラはソファに座り、窓の外を見つめている。

**アン**　　：もう新聞はだめよ、ルル。忘れたの。言ったでしょ。

屋内-法廷-昼-マーロウはジョージに関する冒頭陳述を行う。この裁判はR・S・オルデンドーフが裁判長を務める。

**マーロウ**　：検察は、刑事被告人ジョージ・イーストマンの犯行による第一級殺人罪を起訴します。同ジョージ・イーストマンは、犯意をもって、残酷かつ巧妙な手口でアリス・トリップを殺害し、その後、死体を世間の知るところから、また正義から隠そうとしたのです。陪審員の皆さん、この男をどう裁くのか、決めるのはあなた方です。この男は、あらゆる道徳律に背き、あらゆる戒律を破り…この恥ずべき行為の極めつけに殺人を犯したのです。

**マーロウ**　：アリスは被告人に対してどのような感情を抱いていましたか？

**女**　　　：彼女は彼のことを愛していました。そのことはみんな知っていました。

**マーロウ**　：ホワイティングさん、この規則とは正確に言うとどのようなものでしたか？

■ **get (the) chair**
the chair = electric chair（電気椅子による死刑）
原作小説の書かれた２０世紀初頭には、アメリカにおいて導入されたばかりの処刑法だった。

■ **stare out the window**
stareは「じっと見る、凝視する」「驚き・感嘆・恐怖などのために目を見開いて見る」の意。ex. He stared at me.（彼はじろじろと私を見た）
cf. 関連用語としては、gazeは「～を見つめる、注視する」通例、感嘆して、愛情・興味を込めて、また驚異・吟味の目で見ること。glareは「(怒って) じっとにらむ」ex. glare at the teacher（先生をにらみつける）。peerは、「(見にくいので、よく見えないというふうに) じっと見る」。peepは、「のぞき見する」ex. He peeped at my work.（彼は私が仕事をしているところをちらっとのぞいた）

■ **People of this state**
「this state」とは、裁判がおこなわれている州（つまりインディアナ州）のこと。「People of this state」は直訳すると、「この州の市民（本州民）」。州民の名のもとに州が原告となっていることを示す。Peopleだけでも、「(刑事事件における) 検察側、訴追側」の意味になる。

■ **crime of murder**
「murder in the first degree」は、第一級殺人、最も罪の重い殺人、計画的故意による殺人のこと。放火やレイプといった犯罪と結びつく場合が多い。→ p.133

■ **willfully**
「犯罪的な意図をもって」ということ。
ex. willful murder（意図を持った殺人、故殺）

■ **crown his infamy with murder**
「crown + O + with ～」で「人が～(勝利・仕事など)でOの最後を飾る」の意味。infamyは「不名誉、非行、破廉恥な行為」

---

115

**WHITING** : It was to keep the foreman and members of the staff from fooling around with the girls that were working there.

**ROBERTS** : One night last August, I called Alice to the telephone. It was him calling.

**MARLOWE**: Doctor, you never saw this young man?

**DOCTOR** : No, but after she left my office, she sat talking for a long time with a man in a Coupé.

**BELLOWS** : Objection!

**JUDGE** : Sustained.

**SCOUT** : Along about nine o'clock, he stumbled into my camp. His clothes were wet and he looked scared and shaky.

**MAN** : Well, this man was at the bus station with this girl. They were quarrelling and she said she wouldn't leave the depot unless he promised.

**MARLOWE**: Coroner, did you conclude that violence had been done to Miss Tripp prior to her death by drowning?

**CORONER**: Well, apparently the young woman had been struck by a dull instrument with sufficient force to stun her.

**KEEPER** : I told him there wasn't nobody else on the lake. And then he took the pencil and signed the name of Gilbert Edwards.

**MARLOWE**: In short, having signed a false name, isn't it a fact he then proceeded to make sure that whatever took place on the lake would be observed by no one?

**BELLOWS** : I object Your Honor.

*A Place in the Sun*

**ホワイティング**：主任や社員はみな、職場の女子とは交際禁止となっています。

**ロバート夫人**：昨年の8月のある晩、電話があったのでアリスを呼びました。彼からの電話でした。

**マーロウ**：先生、この若者にお会いになったことはなかったんですね？

**医師**：はい、でも彼女が診察室を出た後、クーペの中で男性と長時間話をしていました。

**ベローズ**：異議あり！

**裁判官**：異議を認めます。

**スカウト**：9時頃、この人が僕たちの野営地によろめきながら入ってきました。服はずぶ濡れで、怯えて、震えているようでした。

**男**：ええと、この男性は、この女性と一緒にバス停にいました。2人は口論していて、女性は彼が約束してくれないならバス停を離れないと言っていました。

**マーロウ**：検視官、トリップさんは溺死する前に暴力を振るわれたと判断されますか？

**検視官**：そうですね。どうも、この若い女性は、鈍器で気絶するくらいの力で強打されたようです。

**管理人**：私は、湖にはほかに誰もいないと彼に言いました。その後彼は鉛筆をもって、ギルバート・エドワーズとサインしました。

**マーロウ**：要するに、偽名でサインして、さらに湖で何が起きようと誰にも目撃されないことを確かめようとしたのも、事実ですね？

**ベローズ**：異議あり。

■ keep...from fooling around...
「keep + O + from 〜 ing」で「Oを〜させない」となる。

■ sustain
= approve; maintain

■ quarrel
quarrel (+ with 人 + over/about …)で、「(人と…のことで) 口論する、口げんかする」の意。
argue は、「論争する、言い争う」の意。意見の相違から怒りの言葉をぶつけ合うこと。quarrel は、そこからさらに進んで、それにより仲違いすることもあるようなニュアンスを含む。
fight は「人を…を巡って (殴りあいの) けんかをする、格闘する」の意。ex. The boys fought with each other over everything.（少年たちは事あるごとにけんかをした）

■ apparently
apparent (形容詞) は、「明白な、明らかな」の意だが、副詞では、通例文頭で文修飾として用い、「(判断を示して、確証はないが) たぶん、どうも〜らしい」という推測を表す。

■ struck
strike (殴る、打撃を与える) の過去分詞形

■ dull instrument
= blunt instrument 「鈍器」の意味では、blunt (刃・先などがとがっていない)」を使うことが多い。
dull も「鈍い、(刃物などが) 切れ味の悪い」の意がある。反意語は sharp (鋭い)
instrument は「道具、器具」

■ there wasn't nobody
二重否定の誤用で、正しくは、there wasn't anybody あるいは there was nobody になるべきところ。

■ I object
法廷用語で、反対側の弁護士が証人に特定の質問をするのを認めないように裁判官に頼む時に使用する

■ Your Honor
アメリカでは裁判官への敬称。

117

**MARLOWE**: No one, that is, except the unfortunate person he knew would be in no position to testify, the girl who was expecting him to take her to the altar, the girl he drowned?

**BELLOWS**: Your Honor, the prosecution must not be allowed to make…

**MARLOWE**: Your Honor, I withdraw the question.

**JUDGE**: Let the people rest.

**BELLOWS**: This boy is on trial for the act of murder, not for the thought of murder. Between the idea and deed there's a world of difference. And if you find this boy guilty in desire but not guilty in deed… then he must walk out of this courtroom as free as you or I. However, since the prosecutor lacked evidence, he's given you prejudice. Lacking facts, he's given you fantasy. Of all the witnesses he's paraded before you, not one actually saw what happened. I will now call to the stand an eyewitness, the only eyewitness. The only one who knows the truth, the whole truth. George Eastman, will you please take the stand.

**GEORGE**: And when we got to the lake, I suggested we go rowing before it got dark.

**JANSEN**: Now, tell me, George, why did you give a false name to the boat keeper?

**GEORGE**: We were going to spend the night at the lodge, and we weren't married, so I thought it would be better if we didn't give our right names.

**JANSEN**: Well, why, at this time, did you engage the boat to row the girl out onto the lake?

## A Place in the Sun

マーロウ ： 誰にも、つまり、彼の知るこの不幸な人物以外には、ということですよね？　祭壇に連れ添ってくれると期待していたこの女性、この男が溺死させたこの女性以外には誰にも。

ベローズ ： 裁判長、検察側の推測です…

マーロウ ： 裁判長、質問を撤回します。

裁判官 ： 弁論を終えてください。

ベローズ ： この青年が裁判にかけられているのは、殺人という行為のためであって、殺意のためではありません。殺意を抱くことと殺害を実行するのは、全然違うことです。そしてもしこの青年が殺意においては有罪で、行為においては無罪であるとするなら…この人は私たちと同じくらい自由に法廷から出て行かなければなりません。しかし、検察側には十分な証拠がなかったため、先入観を植え付けました。事実欠如のため、とりとめもない想像を提示したのです。皆さんの前に並べたてられたすべての証人の中で、誰も実際に起きたことを見た人はいないのです。これから私が証人を喚問します。唯一の目撃者です。真実を、全真相を知っている唯一の証人です。ジョージ・イーストマンさん、証人台に立ってください。

ジョージ ： それから、湖に着くと、暗くなる前に漕いで戻ろうと持ちかけました。

ジャンセン ： ではお聞きします。ジョージ、ボートの管理人に偽名を使ったのはどうしてですか？

ジョージ ： ロッジに泊まるつもりだったのですが、結婚しているわけではなかったので、本名を言わないほうがいいだろうと思いました。

ジャンセン ： では、なぜ、この時、ボートを借りて女性を湖に連れ出したのですか？

■ take her to the altar
「lead a woman to the altar」は「（教会で）女性と結婚する」の意味で用いられる成句。take を用いるのはその変形。altar は「（教会の）祭壇」

■ Let the people rest
「let + O + 動詞の原形」で「Oに〜させる」

■ deed
「（約束などの言葉に対して）実行、行動」の意味。また通常 act, conduct より重要な行為を指す。
ex. Do a good deed every day. (毎日よいことをしなさい)

■ prejudice
"Prejudice is the child of ignorance."（偏見は無知のもと）イギリス人著作家ウィリアム・ヘイズリット（1778-1830）の言葉。
"Prejudice is a chain, it can hold you. If you prejudice, you can't move, you keep prejudice for years. Never get nowhere with that."（偏見は鎖であり、人を縛りつける。偏見があると、人は身動きがとれず、長い間偏見を持ち続けることになる。偏見があると何の得にもならないんだ）ジャマイカの音楽家ボブ・マーリー（1945-1981）からの引用。

■ suggest
「suggest + that + S + V+ 動詞の原形」。ここでは that が省略されている。

■ give a false name
give one's name → p.94

■ keeper
= guardian; caretaker

■ lodge
= cabin; vacation residence

■ onto
= on top of; to a position on; upon
ex. The dog jumped onto the chair.（犬が椅子の上に跳びあがった）

| | | |
|---|---|---|
| GEORGE | : | In the back of my mind was the thought of drowning her. |
| | : | But I didn't want to think such things! I couldn't help myself, I couldn't! |
| JANSEN | : | So, what happened after you rowed out onto the lake? |
| GEORGE | : | I knew then that I couldn't do it, I couldn't go through with it. |
| JANSEN | : | And then you had a change of heart. |
| MARLOWE | : | I object. He's leading the witness. |
| JUDGE | : | Objection sustained. Counsel will refrain from leading the witness. |
| JANSEN | : | Yes, Your Honor. What happened then, George? |
| GEORGE | : | Well, ah... that was when ah... we decided to... we ought to get back to the lodge. She started talking about... about our getting married and what our life together would be like. |
| JANSEN | : | What was your reaction to that? To her talking that way? |
| GEORGE | : | She just looked at me. She knew it was hopeless. She accused me of wishing she was dead. |
| JANSEN | : | Did you, George? Did you wish she were dead? |
| GEORGE | : | No, I didn't! I... I wasn't thinking of that anymore! |
| JANSEN | : | What were you thinking of at that moment? |
| GEORGE | : | I was thinking of somebody else. |
| JANSEN | : | Another girl. You were thinking that this other girl and her world were lost to you forever. |
| | : | What did you say to Alice's accusation? |
| GEORGE | : | I told her it wasn't true, I didn't want her to die. |

---

**in the back of one's mind** 心の中で, 内心で

**help oneself** 自分を制する, 抑える

**go through with** やり抜く, 遂行する
**have a change of heart** 自説を変える, 立場を変える
**lead a witness** 証人に誘導尋問をする
**counsel** 法廷弁護人, 弁護団
**refrain** やめる, 控える

**ought to** ～するべきである, ～するのが当然である

**accuse** 非難する, 責める
**wish she was dead**

**anymore** 今は, 今後は

**world** 世間, 世界
**be lost to** ～にはもはや得られない, ～から失われる
**accusation** （人に対する）訴え, 非難
**want**

120

| | | |
|---|---|---|
| ジョージ | ：内心、彼女を溺れさせようという思いもありました。 | ■ in the back of one's mind<br>前置詞に at をとる場合も多い。<br>ex. Doubts niggled at the back of his mind.（彼は内心疑いでいらいらしていた） |
| | ：でもそんなこと考えたくなかった！ 自分を抑えられなかったのです！ どうにもできませんでした！ | ■ help oneself<br> ex. I can't help myself [it].（仕方がない）<br>「can(not) + help + ～ ing」でも「仕方がない」「～のせいではない」という意味になる。 |
| ジャンセン | ：それで、ボートで湖に漕ぎ出した後、どうなったのですか？ | |
| ジョージ | ：その頃には自分にはできないとわかっていました。自分にはやり遂げられないと。 | |
| ジャンセン | ：そのあと気が変わったのですね。 | |
| マーロウ | ：異議あり。誘導尋問です。 | |
| 判事 | ：異議を認めます。弁護人は証人の誘導を控えてください。 | ■ counsel<br>単数形で、複数扱い。<br>■ refrain<br>「refrain + from + ～ ing」という形で「～するのをやめる」となる。 |
| ジャンセン | ：はい、裁判長。ジョージ、それで、どうなったのです？ | |
| ジョージ | ：ええと、あの…その時に…僕たち決めたんです…ロッジに戻ったほうがいいって。彼女は話をし始めました…僕たちの結婚のことや、2人の生活がどんなふうになるかといったような話をです。 | ■ ought to<br>must よりも意味が弱く、should よりは強い。 |
| ジャンセン | ：それに対してあなたはどんなふうに応じたのですか？ 彼女がそんな話をするのに対しては？ | |
| ジョージ | ：彼女は僕を見ただけでした。そして望みはないと悟ったんです。自分が死ねばいいと思っていると言って僕を責めました。 | ■ accuse<br>「accuse + O + of ～」で「人が～の理由で O を訴える」という意味になる。<br>ex. She accused him of carelessness.（彼女は彼を不注意だと責めた） |
| ジャンセン | ：そうなんですか、ジョージ？ 彼女が死ねばいいと思っていたんですか？ | ■ wish she was dead<br>仮定法過去。事実に反することや現実不可能なことへの願望を表す。ジャンセンは直後に were と言い直しているが、口語では was を使うこともある。 |
| ジョージ | ：いいえ、違います！ 僕は…僕はそんなことはもう考えてはいませんでした！ | |
| ジャンセン | ：その時点では、何を考えていたんですか？ | ■ anymore<br>否定構文または疑問文で使う。 |
| ジョージ | ：別の人のことを考えていました。 | |
| ジャンセン | ：別の女性ですね。あなたは、この別の女性や彼女の住む世界が永遠に失われてしまうと考えていたのですね。 | ■ world<br>「the + world」で「上流社会」という意味を指すが、「one's world」では「個人の経験する世間、世界」という意味になる。<br>ex. Her world has changed.（彼女の世界は変わった） |
| | ：アリスの非難の言葉に対して、あなたは何と言ったのですか？ | |
| ジョージ | ：彼女にはこう言いました。それは違う、死んでほしいなどとは思っていないと。 | ■ want<br>「want + O + to do」で「O が～することを望む」の意。 |

121

**JANSEN** : Wasn't she alarmed or frightened?

**GEORGE** : She even said, "Poor George!"

**JANSEN** : Go on.

**GEORGE** : And then she… she started toward me from the back of the boat. I told her not to. I told her to stay where she was, but she didn't. She… she kept coming toward me, and then she stumbled and started to fall, and I started to get up. And then everything turned over. And in a second, we were in the water. I… I… I was stunned. Something must have hit me as I fell in. It all happened so fast, I didn't know what I was doing.

**JANSEN** : George, was Alice conscious when she fell into the water?

**GEORGE** : Yes, I could hear her scream but I… I… I couldn't see her, 'cause she was on the other side of the boat. So I swam around to the other side. And, she was… When I got there, she'd gone down. I never saw her again.

**JANSEN** : Do you solemnly swear before God that you did not strike Alice Tripp on that boat?

**GEORGE** : I do. I swear it!

**JANSEN** : And that you did not throw her into that lake?

**GEORGE** : I did not!

**JANSEN** : That it was an accident undesired by you?

**GEORGE** : I do. I do. I do.

**JANSEN** : That's all, Your Honor.

**MARLOWE**: Eastman, that night when you left that dinner party at the house at Bride's Lake to meet Alice Tripp in the bus station… do you remember leaving anything behind you?

*A Place in the Sun*

| | |
|---|---|
| ジャンセン | ：アリスは動揺したり、怯えたりしていませんでしたか？ |
| ジョージ | ：彼女は「かわいそうなジョージ！」と言ってくれました。 |
| ジャンセン | ：続けてください。 |
| ジョージ | ：そして彼女は…彼女は…ボートの後部から僕のほうに向かって来ようとしました。僕は、来るなと言いました。そこを動くなと言ったんです。でも彼女は聞かなかった。彼女…彼女は僕のほうに来ようとして、それでつまずいて倒れそうになったので、僕も立ち上がろうとしました。そしたらすべてがひっくり返ってしまいました。そして一瞬のうちに僕たちは水中に投げ出されました。僕…僕は、ぼうっとしていました。落ちた時、きっと何かに当たったんです。あまりにも早い展開で、僕は、自分が何をしているのかわかりませんでした。 |
| ジャンセン | ：ジョージ、湖に落ちたとき、アリスの意識はありましたか？ |
| ジョージ | ：はい、アリスの叫び声は聞こえたのですが、僕、僕には…彼女の姿は見えませんでした。彼女はボートの向こう側にいたからです。そこで僕は反対側まで泳いで行きました。そうしたら、彼女は…僕がそこに着いた時には、彼女はもう沈んでしまっていました。それが最後でした。 |
| ジャンセン | ：あなたは神の前で厳粛に誓いますか。そのボートの上でアリス・トリップを殴るようなことはなかったと？ |
| ジョージ | ：はい。誓います！ |
| ジャンセン | ：それに、彼女を湖に投げ入れることもなかったと？ |
| ジョージ | ：やっていません！ |
| ジャンセン | ：そしてそれはあなたが望まない事故だった、といういことも？ |
| ジョージ | ：誓います、誓います。 |
| ジャンセン | ：裁判長、以上です。 |
| マーロウ | ：イーストマンさん、あの晩、ブライズ湖畔の別荘のディナー・パーティを抜けて、バス停でアリス・トリップに会った時…何か忘れ物をしませんでしたか？ |

■ alarm
= upset; surprise
■ frighten
= shock; panic

■ start
= rise; spring
■ tell
「tell + O + to do」で「Oに命ずる」。
■ keep coming
「keep + (on) + …ing」で「〜し続ける」。
■ fall
= descend; collapse
■ turn over
= invert; roll
■ stun
= amaze; confuse
■ must have hit
「must + have + 過去分詞」で過去の推量を表し「〜したにちがいない」。

■ go down
= descend; lower

■ solemnly
= earnestly; gravely
■ swear
= assert; state
「swear that 〜」で「〜ということを誓う」の意。ここでは、Do you solemnly swear before God that のあと、3行下の And that… . さらに3行下の That it was… もこの swear に続くものである。

■ That's all
「これで終わりだ」
話し終えた時などに使う決まり文句。

■ remember leaving...you
「remember + -ing」で「〜したことを覚えている」の意。また「leave behind」で「置き忘れる、後に残す」の意。

123

**GEORGE** : No, I don't. I don't remember leaving anything.

**MARLOWE**: I'm referring to your heart, Eastman! Did you leave that behind you? Did you, Eastman? Out there on that terrace in the moonlight? You left behind, didn't you, the girl you loved, and with her your hopes, your ambitions, your dreams. Didn't you, Eastman? You left behind everything in the world you ever wanted, including the girl you loved. But you planned to return to it, didn't you Eastman? Answer me!

**GEORGE** : Yes.

**MARLOWE**: Eastman, when you told them all that night that you were going to visit your mother, you were lying, weren't you?

**GEORGE** : Yes.

**MARLOWE**: When you gave the boat keeper a false name, you were lying again, weren't you?

**GEORGE** : Yes.

**MARLOWE**: When you drove up to Loon Lake, what reason did you give Alice Tripp for parking so far away from the lodge?

**GEORGE** : Because we were out of gas.

**MARLOWE**: Weren't you lying again?

**GEORGE** : Yes.

**MARLOWE**: Lies. Isn't it a fact that every move you made was built on lies? Yet now, of course, when you're facing death in the electric chair, suddenly you can't tell anything but the truth! Is that what you want the jury to believe?

**GEORGE** : All the same, it's true!
: I didn't kill her.

**MARLOWE**: So you persist in lying about that, too. Well, we'll see.

*A Place in the Sun*

| | |
|---|---|
| **ジョージ** | ： いいえ、していません。忘れ物をした覚えはありません。 |
| **マーロウ** | ： あなたの心のことですよ、イーストマンさん！ それを置いてきたんじゃありませんか？ そうでしょう、イーストマンさん？ 月あかりのあのテラスのあの場所に？ あなたは置いてきてしまったんですよね。愛する女性ばかりか、ご自分の望みや野心や夢まで一緒に。そうじゃないですか、イーストマンさん？ あなたが世の中で望んだすべてのものを置いてきてしまったのです。あなたが愛した女性もです。しかし、あなたはそこに戻ろうとしていた。そうですね、イーストマンさん？ 答えてください！ |
| **ジョージ** | ： はい。 |
| **マーロウ** | ： イーストマンさん、あの晩あなたが母親のところに行くつもりだとその場の人たちに言った時、嘘をついていたんですね？ |
| **ジョージ** | ： はい。 |
| **マーロウ** | ： ボートの管理人に偽名を使った時も、また嘘をついていたんですね？ |
| **ジョージ** | ： そうです。 |
| **マーロウ** | ： アビの湖まで運転していった時、ロッジからかなり離れた場所に駐車した理由として、アリス・トリップにはどう説明したんですか？ |
| **ジョージ** | ： ガス欠だと言いました。 |
| **マーロウ** | ： また嘘をついていたんじゃありませんか？ |
| **ジョージ** | ： そうです。 |
| **マーロウ** | ： 嘘ばかりですね。あなたの行動はすべて嘘の上に成り立っていると言えそうですね？ だが今、もちろん、電気椅子での死を目前にしたら、突然真実しか言えなくなってしまったんですね！ それを陪審員に信じてもらおうというわけですか？ |
| **ジョージ** | ： それでも、本当なんです！ |
| | ： 僕は彼女を殺してはいません。 |
| **マーロウ** | ： では、この件でもあくまで嘘をつこうというわけですね。まあ、今にわかるでしょうが。 |

■ refer to
= allude to; imply

■ ambition
ex. My ambition is to run for president in the future.（私の野心は、将来、大統領選に出馬することだ）
日本では、"Boys, be ambitious!"（「少年よ、大志を抱け」）というクラーク博士（William Smith Clark）による言葉が有名である。ここでの ambitious は形容詞。

■ you were going to visit your mother
未来表現「be + going + to do」で「あらかじめ決めていた」という意味になる。

■ you were lying
活用は lie-lied-lied-lying である。

■ keeper
ほかに keeper のつく仕事には、beekeeper（養蜂家）、bookkeeper（簿記係）、gamekeeper（猟場番人）、gatekeeper（門番、守衛）、goalkeeper（ゴールキーパー）、innkeeper（宿主）、shopkeeper（小売店主）、zookeeper（動物園の飼育係）などがある。

■ move
= action; movement

■ was built on lies
「build + O + on〜」で「〜に基づかせる、成果などをもとに事を進める」となる。

■ but
= except

■ all the same
= nevertheless

■ persist in lying
「persist in 〜ing」で「固執する、やり通す」。

**MARLOWE**: Now, Eastman, I want you to step down here into the boat and show the jury exactly, if you can, what happened when the boat overturned. Take the same position you had at the time of the drowning.

: Now, Eastman, when the girl rose in the boat to come towards you, did she stumble about there?

**JUDGE** : Speak up.
**GEORGE** : Yes.
**MARLOWE**: And then?

**GEORGE** : Well, then she fell sideways into the water. So did I.
**MARLOWE**: And then what happened?
**GEORGE** : Then the boat turned over on top of us.

**MARLOWE**: What happened then?
**GEORGE** : I couldn't see very clearly. There was a thud, as if the edge of the boat came down and hit her on the head.
**MARLOWE**: Very likely! Now, after this accidental blow and you were both in the water, how far apart were you when you came up?
**GEORGE** : I don't know exactly.
**MARLOWE**: Oh, you don't know? If you were trying to grab her, you couldn't have been more than a yard apart when you came up, could you?
**GEORGE** : It was further than that
**MARLOWE**: Well, how far exactly? As far as from there to the jury box or halfway or what?
**GEORGE** : About as far as from here to the jury box, I guess.

126

| | | |
|---|---|---|
| マーロウ | ： | さて、イーストマンさん、ここに来て、ボートの中に入ってみてください。そして、ボートが転覆した時の様子を、できれば正確に、陪審員の皆さんに見せていただきたい。溺死事故が起きた時と同じ位置についてください。 |
| | ： | では、イーストマンさん、彼女がボートの中で立ち上がってあなたのほうにやってきた時、彼女はそのあたりでよろめいたんですね？ |
| 判事 | ： | 大きな声で。 |
| ジョージ | ： | はい。 |
| マーロウ | ： | それから？ |
| ジョージ | ： | ええと、それから彼女はボートの横の方から水の中に落ちました。そして僕も落ちました。 |
| マーロウ | ： | それからどうなったんですか？ |
| ジョージ | ： | それから僕たちの上でボートがひっくり返りました。 |
| マーロウ | ： | その後はどうなりましたか？ |
| ジョージ | ： | はっきりとは見えませんでした。ドンと音がして、ボートの縁が落ちてきて彼女の頭に当たったようでした。 |
| マーロウ | ： | いかにもそうでしょうね！　さて、不慮の一撃があって、あなた方2人は水の中に落ちたわけですが、その後あなたが浮かびあがってきた時には、2人はどれくらい離れていましたか？ |
| ジョージ | ： | はっきりとはわかりません。 |
| マーロウ | ： | おや、わからないのですか？　彼女をつかまえようとしていたのなら、浮かび上がった時、1ヤード以上は離れていなかったでしょうね？ |
| ジョージ | ： | それ以上離れていました。 |
| マーロウ | ： | 正確にはどれくらいですか？　そこから陪審員席までですか、それともその半分とか？ |
| ジョージ | ： | ここから陪審員席までくらいだったと思います。 |

■ step
= advance; move forward

■ overturn
= flip over; turn over

■ rose
rise の過去形。過去分詞形は risen

■ towards
= toward

■ speak up
= assert; speak loudly

■ sideways
= aside; aslant

■ so did I
先行する文章とは異なる主語の肯定文を付け加え、倒置文とすることで、「〜もまたそうである」の意味。

■ thud
= explosive noise; bang

■ as if
= as though
仮定法。主節の動詞と時間的に同時の事実に反する仮定であるため、仮定法過去が使われている。

■ edge
= border; frame

■ hit her on the head
= hit her head
「hit + O + on the head」で「頭を殴る」の意味。
ex. He hit me on the head. = He hit my head.（彼は私の頭を殴った）

■ likely
= probable; credible

■ blow
= disaster; setback

■ apart
= separate; distant

■ grab
= capture; seize

■ further
far（遠い）の比較級のひとつ。最上級は furthest。距離的な意味では farther も用いられる。

■ halfway
= not complete; in the middle

■ or what
疑問文の最後につけて、「〜か何か」の意味。

| | |
|---|---|
| **MARLOWE**: | Not really. You fell into the water together and when you and she come up, you're nearly 20 feet apart! |
| **GEORGE**: | That's how I remember it. |
| **MARLOWE**: | Why couldn't you swim toward her instead of away from her? |
| **GEORGE**: | I don't know. |
| **MARLOWE**: | Step over here. |
| **MARLOWE**: | Now, was the boat as far as from here to the bailiff? |
| **GEORGE**: | I guess so. I don't know. |
| **MARLOWE**: | You mean to tell me you couldn't swim this little distance to this poor weak girl and buoy her up till you could reach this boat just 15 feet away? |
| **GEORGE**: | I don't remember. |
| **MARLOWE**: | I'll tell you one thing you know, you know you're lying! She was drowning, and you just let her drown! |
| **BELLOWS**: | Your Honor, I object! |
| **MARLOWE**: | She was sitting there defenseless in the back of the boat, and you picked up this oar like this and then crashed it down on that poor girl's head like this! |
| **MARLOWE**: | You pushed that poor girl into the lake. You watched her drown. Isn't that the truth? |
| **GEORGE**: | No. |
| **MARLOWE**: | That's all, Your Honor. |

---

not really　まさか

feet　30.48センチメートル, 1/3ヤード

instead　その代わりに

step over　〜をまたぐ, 〜に近寄る

bailiff　廷吏

mean to　志す, つもりである
poor　かわいそうな → p.93
buoy her up　〜を浮かす, 浮かべておく

drown　溺死する → p.88

defenseless　無防備の, 手も足も出ない
pick up　とりあげる, かかえあげる
oar　オール
crash　ガチャンとつぶす, こわす

truth　真実

| | | |
|---|---|---|
| マーロウ | ： | そうじゃないでしょう。あなた方は一緒に水の中に落ちたのに、浮かび上がった時には20フィート近くも離れていたなんて！ |
| ジョージ | ： | そう記憶しています。 |
| マーロウ | ： | どうして、彼女から離れていくのではなく、彼女の方に泳いでいかなかったのですか？ |
| ジョージ | ： | わかりません。 |
| マーロウ | ： | こちらに来てください。 |
| マーロウ | ： | さあ、ボートはここからあの廷吏のいる場所までくらい離れていたのですか？ |
| ジョージ | ： | そうだと思います。よくわかりませんが。 |
| マーロウ | ： | あなたは、このわずかな距離を泳いで、このかわいそうなか弱い女性のところまで行き、彼女が沈まないようにして、15フィートしか離れていないボートのところまで行き着くことができなかった、というのですね。 |
| ジョージ | ： | 覚えていません。 |
| マーロウ | ： | ひとつお教えしましょう。あなたがわかっているのは、あなたは嘘をついているということです！彼女は溺れていたのですよ、そしてあなたは彼女を放っておいた！ |
| ベローズ | ： | 裁判長、異議あり！ |
| マーロウ | ： | 彼女はボートの後部に無防備な状態で座っていた、そしてあなたはこんなふうにオールを持ち上げて、こうやってかわいそうな女性の頭に叩きつけたのです！ |
| マーロウ | ： | あなたはあのかわいそうな女性を湖に突き落とした。そして彼女が溺れるのを見ていた。これが真実でしょう？ |
| ジョージ | ： | 違います。 |
| マーロウ | ： | 裁判長、以上です。 |

■ not really
= It was not really that far, was it?
特にその通りだとは言えないような場合に「いいえ」の意味で用いる。

■ instead
ex. Sorry, sir. We are all out of the chicken. Would you care for the fish instead?（お客様、申し訳ありませんが、あいにくチキンを切らしております。代わりに魚はいかがですか？）

■ bailiff
アメリカでは、「廷吏」という法廷の雑務をする人。イギリス英語では行政官を補佐する執行人。

■ buoy… up
= lift; keep afloat

■ defenseless
= powerless; vulnerable
ex. We cannot forgive those who carry out acts of violence, especially on defenseless people in society.（特に社会において無防備な人びとに対し、暴力行為を行う人びとを許すことはできない）

■ pick up
= uphold; lift

■ oar
An implement used to manually propel or steer a boat（ボートを手で進ませたり、操縦したりするための道具）

■ crash
= break into pieces; fracture

■ truth
"Truth is like the sun. You can shut it out for a time, but it ain't goin' away."（真実は太陽のようだ。一時的に隠すことはできるが、真実はなくなることはないだろう）米国の歌手エルヴィス・プレスリー（1935-1977）からの引用。この場合のain'tはisn'tの非標準形。

## 銀幕の女王リズの数奇な生涯

　2011年、79歳のエリザベス・テイラー（通称リズ）は、「自分の葬儀に15分遅刻する」とユーモラスな遺言を残し、死去した。彼女の遺体は、長年の友人だったマイケル・ジャクソンが眠るロサンゼルス郊外のフォレストローン墓地に葬られた。

　1932年、ロンドンに生まれたリズは、39年に両親とともにカリフォルニア州に移住。すみれ色の瞳と黒髪の美少女は、女優志望だった母の協力のもと、42年に映画デビューを果たす。その後、出演作品は50作を超え、『バターフィールド8』(1960)と『ヴァージニア・ウルフなんかこわくない』(1966)の2作で、アカデミー賞主演女優賞を受賞した。

　破天荒なリズは、私生活で8度の結婚を重ねた。18歳で大手ホテルチェーン創業者の息子、コンラッド・ニコルソン・ヒルトンと結婚するも、1年足らずで破局。次いで、俳優マイケル・ワイルディング、プロデューサーのマイケル・トッド、歌手エディー・フィッシャー、俳優リチャード・バートン、後の共和党上院議員ジョン・ワーナー、建設作業員ラリー・フォーテンスキーと結婚した。最も長く続いたのは、バートンとの一度目の結婚だったが、彼のアルコール依存症のため、生活は破綻した。78歳のリズは、9回目の結婚に向けて29歳年下の黒人男性と婚約した、と報じられたが、彼女はこの噂を否定した。

　恋多き女性であったリズは、友情にも篤かった。友人のひとりに『陽のあたる場所』(1951)の共演者モンゴメリー・クリフトが挙げられる。クリフトはリズにアクターズ・スタジオ仕込みの演技を教え、監督に辛く当たられる「アイドル」の彼女をサポートした。リズは幾度かクリフトにラブレターをしたためたが、彼はそれらを彼の同性の恋人の手に委ねた。だが、彼が1966年に亡くなるまで、2人の友情は絶えることがなかった。クリフトがリズの自宅からの帰

り道で自動車事故を起こした際には、彼女は、呼吸を妨げる歯を取り出して、彼の命を救った。後日、彼は歯の欠片を用いた首飾りを感謝の気持ちを込めて彼女に贈ったという。クリフトのみならず、リズは逆境に陥った友の味方だった。ロック・ハドソンがエイズの診断を受けた時には、真っ先に彼を見舞った。彼の死を受け、リズは85年に米国エイズ研究基金（の前身）の設立を宣言する。ジャクソンの未成年の少年に対する性的虐待疑惑に関しても、リズは一貫して彼を擁護し続けた。

　享楽的な人生を送る一方で、アルコール・薬物依存症をはじめ、病に苦しめられたリズならではの誠実さと勇気が偲ばれる。

石本　哲子（大谷大学准教授）

# *The Verdict*

**13** *INT. SCHOOL – DAY – Angela's teacher gives a lesson in morals to the class of girls.*

**TEACHER** : By the premature adoption of an extreme belief and creed, it is well to understand this in looking toward the responsibilities of adult life, in particular, the married state, when the student will emerge from the sheltered life into a world of grown-up problems for the first time. It is only then that he or she will view the enthusiasms of youth in the perspective of genuine problems, as opposed to the imagined problems which are the frequent products of a sheltered immaturity. It is at this time that the sometimes hastily adopted beliefs of youth are found to be insufficient…

*INT. COURTROOM – DAY – The jurors return to give their verdict.*

**JUDGE** : Has the jury reached a verdict?
**JUROR** : We… we have, Your Honor.
**JUDGE** : Defendant will rise.

**JUDGE** : The clerk will read the verdict.

**CLERK** : We, the jury, find the defendant, George Eastman, guilty of murder in the first degree.
**JUDGE** : Order in the court!

*INT. BETHEL INDEPENDENT MISSION – DAY – George's mother reads the letter George sent to her.*

---

moral 道徳, 品行

premature 早まった, 早すぎる
adoption 選択, 採択
belief 信念, 信頼
creed 信念, 信条
look toward ～に気をつける, 関心を向ける
married state 結婚状態, 結婚生活
emerge from the…life into
sheltered life 世間の苦労を知らない生活
It is only then that
enthusiasms 熱狂, 熱中

products 産物
immaturity 未熟さ

insufficient 不十分な, 足りない

verdict 評決

rise 立つ

clerk 裁判官の書記

jury 陪審員
defendant 被告人
murder in the first degree
第1級殺人罪

Order in the court 静粛に

132

*A Place in the Sun*

# 判決

DVD　01:52:06

☐☐☐☐☐☐

---

屋内-学校-昼-アンジェラの教師が、女子のクラスに道徳の授業を行っている。

**教師**　　：極端な信念や信条を性急に受け入れることに関して言えば、このことを理解するには、成人としての生活、とくに結婚生活にまつわるさまざまな責任について考えるのがよい。結婚によって、生徒は、それまでの守られた生活から出て、大人のさまざまな問題をはらんだ世界に初めて入ることになるのです。その時になってはじめて、男子も女子も熱狂的な青春時代を、正真正銘の問題―これは、守られた未熟さから生まれることが多い、想像上の問題の対極にあるものですが―そのような観点から眺めることになります。この時点で、時に性急に受け入れた青春時代についての信念が、不十分なものだったとわかるのです。

屋内-法廷-昼-陪審員団が評決を発表するために戻ってくる。

**裁判長**　：陪審員は評決に達しましたか。
**陪審員**　：はい、裁判長。
**裁判長**　：被告は起立してください。

**裁判長**　：書記は、評決を読み上げてください。

**書記**　　：陪審員は、被告ジョージ・イーストマンを第1級殺人罪で有罪とします。

**裁判長**　：静粛に！

屋内-ベセル・インディペンデント伝道所-昼-ジョージの母が、ジョージが母に送った手紙を読んでいる。

■ moral
複数形で用い、「品行、身持ち」の意味。
ex. Everyone has a moral obligation to abide by the laws of the country. (すべての国民には、国の法律を守る道義的責任がある)

■ emerge from the sheltered life into
「emerge+from ~ +into ~」で「~から出て~に入る」という意味。

■ sheltered life
sheltered で「保護された」、「過保護な」という意味。

■ It is only then that
強調構文を使った表現。It is と that の間に挟まれた表現が強調される。

■ verdict
「reach a verdict」で「評決に至る」、「評決を下す」。

■ rise
= stand up

■ murder in the first degree
= first degree murder: An act of murder which is premeditated with malice aforethought. (計画的な犯罪意思がある殺人行為)
cf1. second degree murder (第2級殺人): An act of murder with intent, but without premeditation. (意思があるが、計画的ではない殺人行為)
cf2. manslaughter (故殺): An act of murder without premeditation or malice. (計画的な犯罪意思がない殺人行為)

■ Order in the court
直訳すると「裁判・法廷における秩序」。

*INT. PRISON – DAY – REVEREND MORRISON is with George when his mother comes to visit.*

**REVEREND**: Hello, Mrs. Eastman.
**GEORGE** : Mama.
**HANNAH** : My boy.
**GEORGE** : Did you see the governor?
**HANNAH** : It's no use. The governor couldn't be moved.
**REVEREND**: Your mother's done everything a mother could do, George. That I know.

**HANNAH** : Death is a little thing, George. You mustn't be afraid of it. You must fear now only for your immortal soul. If that sin is on your soul, my son, you must make your peace with God.
**GEORGE** : I don't believe I'm guilty of all this. They don't know. I wish I knew!

**HANNAH** : If you are guilty, then I too am guilty. I must share your guilt.
**GEORGE** : Oh, Mama, don't blame yourself.
**REVEREND**: You know, they say only God and ourselves know what our sins and sorrows are. Perhaps in this case, only God knows. George, perhaps you've hidden the full truth of this even from yourself.
**GEORGE** : I don't wanna hide anything. I wanna know.

**REVEREND**: George, there's one thing you've never told anyone, even yourself. There's one point in your story that holds the answer you're looking for.
**GEORGE** : Yes…
**REVEREND**: When you were on the lake with that poor girl, and the boat capsized… and there was a moment when you might have saved her.

---

REVEREND 牧師、尊師

governor 知事
It's no use 無駄である
moved 心を動かされる、動じる、意見を変える

make your peace with 和解する

be guilty of 和解する、〜(の罪)を犯している

guilt 罪の意識
blame yourself 自分を責める

hidden the full truth even from yourself

hold the answer 答えを持っている

capsize 転覆する

134

屋内 – 刑務所 – 昼 – ジョージの母が訪問すると、モリソン牧師がジョージに付き添っている。

**牧師** ：こんにちは、イーストマン夫人。
**ジョージ** ：母さん。
**ハンナ** ：おまえ。
**ジョージ** ：知事にはお会いできた？
**ハンナ** ：無駄だよ。知事はかんたんには動かせなかった。

**牧師** ：お母様は、母親としてできる限りあらゆることをやってくださったのですよ、ジョージ。それは私にもわかります。
**ハンナ** ：死はたいしたことではないよ、ジョージ。恐れてはいけない。今恐れなければならないのは、不滅の魂だけ。あの罪がおまえの魂にあるなら、息子よ、神に許しを請わなければ。

**ジョージ** ：僕がこのすべての罪を犯したわけではないんだ。みんなわかってくれない。僕にわかりさえすれば！
**ハンナ** ：おまえが有罪なら、私だって同罪だよ。私もおまえの罪を分かち合わなければ。

**ジョージ** ：ああ、母さん、自分を責めないで。
**牧師** ：ほら、よく言うでしょう、私たちの罪と悲しみは、神と私たちのみぞ知るところなのです。おそらく今回の事件では、神のみぞ知る、ですね。ジョージ、おそらくあなたは事の真相をすべて自分自身にさえ隠してきたのでしょう。

**ジョージ** ：隠したいなんて思っていません。知りたいだけなんです。
**牧師** ：ジョージ、あなたには、誰にも、そして自分にさえ話していないことがひとつありますね。あなたの話には、探している答えが隠れています。

**ジョージ** ：ええ…
**牧師** ：あのかわいそうな娘さんと湖にいて、ボートが転覆した時…あなたが彼女を助けることができたかもしれない瞬間があった。

---

■ Reverend
= A title of respect for a clergyman（聖職者に対する尊称）
ほかには、Archbishop（大司教）、Bishop（司教）、Deacon（助祭）、Dean（首席司祭）、Father（神父）、Priest（僧侶）、Pope（法王）などがある。

■ governor
アメリカでは、死刑が確定した死刑囚は、最後の手段として、州知事に恩赦を請うことがある。

■ It's no use
「it's no use + ～ing」で「～しても無駄である」となる。
ex. It's no use complaining.（文句を言っても無駄である）

■ make your peace with
「make one's peace with ～」で「～と和解する、仲直りする」という意味。「make peace with ～」でも同様の意味。

■ blame yourself
「blame oneself」で「自分を責める」、「責任を感じる」の意。

■ hidden the full truth of this even from yourself
「hide + O + from ～」で「～からOを隠す」という意味。ここではevenを用いて、「自分自身からさえ」と強調。

■ hold the answer
the answer と you're looking for の間に関係代名詞が省略されている。

**GEORGE** : I wanted to save her. But I just couldn't.

**REVEREND**: But whom were you thinking of? Who were you thinking of just at that moment? Were you thinking of Alice? Were you thinking of the other girl? Then… in your heart was murder, George.

**HANNAH** : God bless you, my boy. God forgive me if I've failed you.

**ANGELA** : I came to see you. I've thought lots about you, George. All the time. I went away to school… to learn. I don't think I learned very much. I love you, George. I wanted you to know that.

**ANGELA** : Well, I… I guess there's nothing more to say.

**GEORGE** : I know something now that I didn't know before. I am guilty of a lot of things, most of what they say of me.

**ANGELA** : All the same, I'll go on loving you… for as long as I live.

**GEORGE** : Love me for the time I have left, then forget me.

**ANGELA** : Goodbye, George. Seems like we always spend the best part of our time just saying goodbye.

**REVEREND**: "In my Father's house of many mansions, I go to prepare a place for you. I will receive you unto myself where I am ye may be also."

**WARDEN** : You'll have to go now, son.

---

the other girl もうひとりの女 ●

Then そうすると ●

God bless you 神の祝福がありますように ●
fail 失望させる

there's...to say これ以上言うことはない ●

all the same それでもやはり
go on~ing ～し続ける
for as long as I live 生きている限り

the best part of ～の大半 ●
spend 時間を過ごす ●

Father 神 ●
mansion 住居, 住まい

unto〈古・詩〉～に,～のほうへ, ～まで ●
ye あなたたちは ●
son 君, おまえ ●

136

*A Place in the Sun*

| | |
|---|---|
| ジョージ | : 僕は彼女を助けたかった。でもほんとに、できなかったんです。 |
| 牧師 | : でもあなたは誰のことを考えていたんですか？ あの瞬間にあなたが考えていたのは誰のことですか？ アリスのことを考えていましたか？ もうひとりの女性のことでしたか？ だとしたら…あなたは心の中で、殺意を抱いていたということになります、ジョージ。 |
| ハンナ | : 息子よ、神の御加護がありますように。もしおまえを失望させてしまったのなら、神様どうか私をお許しください。 |
| アンジェラ | : 会いに来たわ。あなたのことばかり考えていたの、ジョージ。ずっとよ。学校に行かされたわ…勉強するようにと。あまり勉強にはならなかったけど。愛しているわ、ジョージ。あなたに知っておいてほしかったの。 |
| アンジェラ | : あの、私…もう何も言えない。 |
| ジョージ | : 前にはわからなかったことがやっと今わかった気がする。僕はいろいろな罪を犯した。そのうちほとんどは、噂の通りだ。 |
| アンジェラ | : それでも私はずっとあなたを愛し続けるわ…私が生きている限り。 |
| ジョージ | : 僕に命がある間だけ、僕のことを愛してほしい。あとは忘れてくれ。 |
| アンジェラ | : さようなら、ジョージ。私たちは２人でいる時間の大半を、いつもさよならを言って過ごしている気がするわ。 |
| 牧師 | :「たくさんのすみかがある私の父の家に、私はあなた方のための場所を用意しに行く。あなた方を私の所に迎えよう。私のいる所にあなた方もいられるように。」 |
| 看守 | : おい、もう行かないと。 |

■ the other girl
アンジェラを指す。裁判で名前が伏せられているため。

■ Then
= If you were thinking of the other girl

■ God bless you
同じように God ではじまる表現にはつぎのようなものがある。God rest your soul. God forbid. God willing. God helps those who help themselves.

■ there's...to say
「nothing more to ＋原形動詞」で、「これ以上〜するものはない」の意。

■ the best part of
「the best part of a day」で「一日の大半」

■ spend
「spend＋時間＋〜ing」で「〜して時間を過ごす」

■ Father
この表現を含む牧師の台詞は、欽定訳聖書 (King James Version) ヨハネによる福音書第14章第2節〜3節のキリストの言葉。牧師が聖書の一節を唱えるのは、キリスト教徒の死刑囚が平穏に死後の世界へと旅立つようにするための習慣である。

■ unto
ex. Come unto me, all ye that labour. (すべて労する者われに来たれ) 聖書マタイによる福音書第11章28節より。

■ ye
古語の二人称複数主格。thou が単数主格である。

■ son
「おまえ、息子、お若いの」など、年長者・牧師などから年少者・男の子への親しみを込めた呼びかけ。

137

| | |
|---|---|
| **REVEREND**: | "I am the resurrection and the life. He who believeth in me…" |
| **WARDEN**: | Come on, son. |
| **REVEREND**: | "…if you be dead yet, shall be liveth. And whosoever liveth and believeth in me, shall never die." |
| **PRISONER1**: | So long, kid. |
| **PRISONER2**: | You'll find a better world than this. |
| **PRISONER3**: | Goodbye, George. I'll be seein' you. |

resurrection 復活, よみがえり
believeth 信じる

liveth 生きる

so long さようなら
kid （ねえ）君

I'll be seein' you さようなら

## 法廷ドラマとしての視点から

　法廷ドラマと言えば、シドニー・ルメット監督によるアメリカ陪審裁判（国民から選出された12人が有罪・無罪を評決する）の問題点をあばき出した映画史に残る名作『十二人の怒れる男』（*Twelve Angry Men*, 1957年）をはじめ、同監督の『評決』（*The Verdict*, 1982年）やリチャード・マーカンド監督の『白と黒のナイフ』（*Jagged Edge*, 1985年）を挙げる人が多いのではなかろうか。おそらく『陽のあたる場所』（*A Place in the Sun*, 1951年）を想起する人は稀であろう。本作品は法廷ドラマという視点から見ても傑作である。法廷シーンは冒頭陳述、証人尋問そして評決に至るまでの終盤約13分にわたって一瞬たりとも気が抜けない緊迫感の中で展開する。この場面はジョージを巡るアリスとアンジェラの三者の殺人事件発生前までの関係性を集約し、それに対して多角的な解釈の可能性を

| 牧師 | :「私は復活であり、命である。私を信じる者は…」 |
|---|---|
| 看守 | :さあ、ほら。 |
| 牧師 | :「…たとえ死んでもなお生きる。そして生きて私を信じる者は、決して死にはしない。」 |
| 囚人1 | :あばよ、坊主。 |
| 囚人2 | :ここよりましな世界に行けるぞ。 |
| 囚人3 | :またな、ジョージ。いずれ会おう。 |

■ resurrection
この表現を含む牧師の台詞は、欽定訳聖書ヨハネによる福音書第11章25節から。

■ believeth
thは三人称単数現在を表す古語の接尾辞。

■ liveth
thは三人称単数現在を表す古語の接尾辞。この表現を含む牧師の台詞は、欽定訳聖書（King James Version）ヨハネによる福音書第11章第26節から。

■ kid
くだけた言い方で「若者」を意味し、年下の者に対して親しみを込めた呼びかけとしても用いられる。

■ I'll be seein' you.
= I'll be seeing you.
「またね、さようなら」という意味。別れの挨拶。

---

提示しているように思われる。もちろん法的視点からの解釈が中心となる。

　ジョージが陪審裁判において第1級謀殺（Murder in the first degree）で告訴される。検察側は、ジョージが巧妙な手口で計画的にアリスを殺害し死体を湖に捨てたのであり、彼は社会のモラルに背き冷酷非情にも殺人を犯したのであると主張する。英米法において謀殺（殺人罪homicideのひとつ）とは殺意（malice aforethought）による殺人罪のことを言う。検察側は被告人および多くの証人を尋問し、ジョージがアリスを謀殺したことを立証しようとする。ここでの焦点は被告人に殺意があったかどうかである。果たして評決はどうなるのか、最後まで油断することができない。一体殺意とは何を意味するのだろうか、深く考えずにはいられないであろう。

松本　和彦（北陸大学教授）

## この映画から覚えておきたい

| p.20 | **I'd like to see Mr. Charles Eastman, please.** | 意味 | チャールズ・イーストマンさんにお会いしたいのですが。 |
|---|---|---|---|

| 英文解析 | 「I'd like to ～」＝「I would like ＋ to 不定詞」は「～したいのですが」という意味で、「I want to ～」に比べると控えめで丁寧な表現。日常的によく使われる。末尾に please がつくことで、より丁寧さが増している。「I'd like ＋ 名詞」になると、"I'd like a guide to Paris."(パリの案内書が欲しいのですが) というように用いられる。「Mr.」は男性の姓・姓名につけられる。「Mr. Charles」のように名前だけにつけられることはない。 |
|---|---|
| 使用方法 | 会社や病院の受付で、人を訪ねる際に用いる丁寧な表現。相手の名前がわからない場合は「manager」(支店長) などの役職名と置き換える。同義表現として「see」の代わりに「talk to/ speak with」と置き換えることができる。会う約束をしていなくても用いられる表現であるが、約束しているなら "I have an appointment."(私は約束／予約をしています) と明言しておいたほうがセールスと勘違いされなくてよい。 |

| p.30 | **Now you're in business.** | 意味 | これであなたは準備万端ね。 |
|---|---|---|---|

| 英文解析 | 「be in business」は (1)「商売をしている」「実業界にいる」、(2)「活動を始める準備ができている」「軌道に乗る」という意味の表現。映画の中では、初めての仕事に緊張して取り組み始めた主人公を見て、主任が「うまく行きだしましたね」「しっかりね」というニュアンスで、背後からかけているセリフである。「be in ＋ 名詞」の形で使われる単語に「relationship」「mood」などがある。例）"I'm in a relationship with him"(私は彼と交際している) |
|---|---|
| 使用方法 | 苦労してある仕事を成し遂げた相手に対して、その仕事が一人前だったと認める表現。ようやく仕事に慣れてきた新人への褒め言葉として用いられることが多い。また、故障していた機械がようやく動き始めたという意味でも用いられる。「Now」は文の後ろにも置くこともできる。グループで成功を分かち合う、または独り言で達成感をかみしめたい時には「you're」を「we're」に変えて用いる。 |

| p.40 | **I take it back.** | 意味 | あれ、取り消すわ。 |
|---|---|---|---|

| 英文解析 | 「take back ～」は、(1)「(ものを) 取り戻す」、(2)「発言などを取り消す」「発言を撤回する」の意味。「動詞＋副詞」の句動詞では、目的語が代名詞の場合、この例のように間に割って入る。このセリフでは「it」は、アリスが直前に言ったこと (「イーストマン家の一員だったら、私たちとは別格」) を指し、その前言を「取り消す」の意味になる。 |
|---|---|
| 使用方法 | 誰かに対しての発言が不適切であったことを認める場合に用いる表現。"Forgive me."(許して) や "I didn't mean it."(そのつもりではなかった) などと一緒に、口論の後でよく用いられる、相手の許しを請う謝罪表現。相手から嫌なことを言われた場合だと、"Take it/that back."([言ったことを] 取り消せ) と言うことができる。 |

| p.64 | **You're just stalling.** | 意味 | 言い逃れだわ。 |
|---|---|---|---|

| 英文解析 | 「stall」は「言葉をにごす」「ごまかす」「(何かに対処する為の時間を稼ぐ為に) ぐずぐずする」「わざと曖昧な仕方で話したり行動したりする」という意味。「just」は「only」(～だけ) と同義なので、全体として「あなたはうまくごまかしているだけよ」となる。「時間稼ぎのために」とはっきり言いたい時には、"You are stalling for time."(時間稼ぎにごまかしている) も用いられる。 |
|---|---|
| 使用方法 | 相手が結果に恐れて、何かをすることを意図的に避けている、と話し手が感じ取った場合に用いられる表現。「stalling」は、「afraid」または「chicken」と置き換えても同じニュアンスを出すことができる。命令文の "Quit stalling."(言い逃れしないで) も同じような意味を持つ、避けていないでやるべきことをやって欲しいという話し手の気持ちが伝わる表現になる。 |

| p.80 | **Don't talk like that.** | 意味 | そんなふうに言うのはよしてくれよ。 |
|---|---|---|---|

| 英文解析 | 「Don't ～」は禁止命令。「talk like that」は「そのように話す」「そんな風に言う」。ここではこのセリフの直前に、アリスがジョージを待つのはもうごめんで、結婚してくれなければ新聞社に電話してすべてばらす、そして死んでやる、と脅迫めいた仕方で言ったことに対して、「そんな風に言うな」「やめてくれ」と言っている。 |
|---|---|
| 使用方法 | 場の空気を読まないで不適切な発言をした相手を注意する表現。シチュエーションとしては、横柄な態度を取る相手をたしなめる場合や、特に親や先生など目上の人に失礼な態度を取った子どもを叱るために用いられることが多い。または、自己批判的な態度を取る相手を安心させるために用いる場合がある。「talk」は、「speak」または「think」で置き換えることができる。 |

この2ページは、この映画で当社編集部がぜひ覚えていただきたいセリフの解説です。

*A Place in the Sun*

# セリフ ベスト *10*

| p.86 | **I'll stick by you.** | 意味 | ずっとそばにいるよ。 |
|---|---|---|---|

英文解析　「stick」単独では「くっつく」の意味。そこから「stick by+人」は「～に忠実である」「(特に、困難な時に)～を見捨てない」「支える」「このままでいる」「(約束などを)守る」という意味になる。上記のセリフの訳から転じて、"I'll stick by you." は「君を見捨てないよ」という意味にも解釈できる表現である。似たような表現の句に「stand by～」(「支える」「力になる」)がある。

使用方法　たとえ困難が待ち受けていたとしても、援助をすると相手に伝える表現。頼っていいよという話し手の気持ちが伝わる。似た表現として、"You can count on me."(私に頼っていいよ)がある。"No matter what."(たとえ何があろうと)や "I won't [I'm not going to] leave you."(あなたから離れないよ)としばしば一緒に用いられる。

| p.134 | **I'd do anything to make her happy.** | 意味 | 彼女を幸せにするためなら何だってします。 |
|---|---|---|---|

英文解析　「I'd ～」=「I would ～」は「～したいと思う」と控えめで丁寧な希望を述べる表現。「make + 目的語(O) + 目的補語(C)」で「O を C にする」。「any ～」は肯定文では「どんな～でも」「あらゆる」。「something、nothing」だと、「何かを」「何も～ない」となる。「to make her happy」は「if I could make her happy」(彼女を幸せにできるなら)と仮定の意味を含むとも考えられる。

使用方法　望みを強調する際に用いる。訳からわかるように、あることを実現するためであれば何でもするという意味だが、望みのレベルを強調したい時に用いる。この場合は、「make her happy」を強調している。「anything」の代わりに入れる、誇張する表現を自由に考えても面白いだろう。例) "I'd swim the entire ocean to ～"(～するためなら海を泳ぎきろう)

| p.104 | **Safe and sound!** | 意味 | もう大丈夫！ |
|---|---|---|---|

英文解析　「sound」は「(身体・精神などが)健康な」の意。「safe and sound」で「無事に」「つつがなく」「危機を脱して」で safe とはぼ同じ意味。この箇所では追ってくる警官をうまくかわしたとホッとして口をついたセリフ。放蕩息子が無事に帰って父が喜ぶ聖書の有名な話の一場面(ルカ伝１５章２７節)に、欽定訳聖書(King James Version, 1611)以来使われている表現。

使用方法　危険な場所や状況から離れて安全な状態にあるということを示す表現。話し手が、相手の身の安全に責任を持っている場合が多い。使用場面としては、行方不明者が無事に見つかった場合、人が無事に家に帰ってきた場合などがある。例) "Tom's parents were relieved when he returned home safe and sound."(トムの両親は、彼が無事に家に帰ってきたことでホッとした)

| p.124 | **Well, we'll see.** | 意味 | まあ、今にわかるでしょうが。 |
|---|---|---|---|

英文解析　「We'll see」=「We will see」は「(今はわからないが)その時がくればわかる」「そのうちわかる」「様子を見よう」の意味。"We'll find out later. Time will tell." 「時間がたてばわかる」も同義。「さあどうかな」という否定的なニュアンスもある。例えば、子どもが「～がほしい」「～をしたい」と言った場合の返答では「今はだめ」「また今度ね」と "No." に近い意味合いになる。

使用方法　直接に将来の計画などについて返答を避ける表現。相手の要求や誘いを面と向かって断れない時に使う、あいまいな返事の仕方である。現時点の状態について返答を避ける時は、"Well, let me see."(あの、ええと)を用いることができる。また、サプライズのお楽しみを先に延ばす時に用いる。同義表現に、"Wait and see."(様子を見る)がある。

| p.134 | **Oh, Mama, don't blame yourself.** | 意味 | ああ、母さん、自分を責めないで。 |
|---|---|---|---|

英文解析　「blame」で「(～を)責める」「非難する」の意。「blame oneself」と目的語が再帰代名詞になると「自分を責める」「責任を感じる」「～のせいだと思う」という意味になる。このセリフは主人公の死刑が確定した時、母親が遠くから駆けつけ「おまえが有罪なら私も有罪よ。おまえの罪を分かち合わなければ」と言ったことに対して、主人公が母を慰めるセリフ。

使用方法　起きた問題に対して、責任を感じて自分自身を責めないようにと、相手をなだめる表現。"It's not your fault."(あなたのせいじゃない)や "It couldn't be helped."(しょうがない)のような文としばしば一緒に使われる。また、本人のせいで問題が起きたにも拘わらず話し手が気にしていない場合 "It could've happened to anyone."(誰にでも起きることだぞ)も加えて用いることができる。

表示のページを開いて、セリフが登場する場面の前後関係とともに、その使用法を完全にマスターしてください。

141

出版物のご案内（スクリーンプレイ・シリーズ）　　　iPen 対応商品
（最新情報はホームページをご覧ください）

## アイ・アム・サム

7歳程度の知能しか持たないサムは、娘のルーシーと幸せに暮らしていたが、ある日愛娘を児童福祉局に奪われてしまう。

中級

A5 判 199 ページ
【978-4-89407-300-5】

## 哀愁

ウォータールー橋で出会ったマイラとロイ。過酷な運命に翻弄される2人の恋の行方は…。

中級

1,500 円 ( 本体価格 )
四六判変形 172 ページ
DVD 付
【978-4-89407-445-3】

## 赤毛のアン

赤毛のおしゃべりな女の子、アンの日常にはいつも騒動で溢れている。世界中で読み継がれる永遠の名作。

最上級

A5 判 132 ページ
【978-4-89407-143-8】

## アナスタシア

ロマノフ一族の生き残り、アナスタシアが、怪僧ラスプーチンの妨害を乗り越え、運命に立ち向かうファンタジー・アニメーション。

初級

A5 判 160 ページ
【978-4-89407-220-6】

## アバウト・ア・ボーイ

お気楽な38歳の独身男が情緒不安定な母親を持つ12歳の少年に出会い、2人の間にはいつしか奇妙な友情が芽生える。

中級

A5 判 160 ページ
【978-4-89407-343-2】

## 雨に唄えば

サイレント映画からトーキー映画の移行期を描いたミュージカル映画の傑作！

初級

1,500 円 ( 本体価格 )
四六判変形 ページ
DVD 付
【978-4-89407-443-9】

## 嵐が丘

荒涼とした館「嵐が丘」を舞台にしたヒースクリフとキャシーの愛憎の物語。

中級

1,500 円 ( 本体価格 )
四六判変形 168 ページ
DVD 付
【978-4-89407-455-2】

## アラバマ物語

1930年代、人種差別が根強く残るアメリカ南部で、信念を貫いた良心的な弁護士の物語。

上級

1,500 円 ( 本体価格 )
四六判変形 164 ページ
DVD 付
【978-4-89407-462-0】

## 或る夜の出来事

ニューヨーク行きの夜行バスで出会った大富豪の娘と新聞記者の恋の結末は…。

中級

1,500 円 ( 本体価格 )
四六判変形 204 ページ
DVD 付
【978-4-89407-457-6】

## イヴの総て

大女優マーゴを献身的に世話するイヴ。その裏には恐ろしい本性が隠されていた。

中級

1,500 円 ( 本体価格 )
四六判変形 248 ページ
DVD 付
【978-4-89407-436-1】

## インデペンデンス・デイ

地球に巨大な物体が接近。正体は異星人の空母であることが判明し、人類への猛撃が始まる。人類の史上最大の作戦とは。

中級

A5 判 216 ページ
【978-4-89407-192-6】

## 失われた週末

重度のアルコール依存症のドンは、何とか依存症を克服しようとするが…。

中級

1,500 円 ( 本体価格 )
四六判変形 168 ページ
DVD 付
【978-4-89407-463-7】

## 麗しのサブリナ

ララビー家の運転手の娘サブリナ、その御曹司でプレイボーイのデヴィッドと仕事仲間の兄ライナスが繰り広げるロマンス。

初級

A5 判 120 ページ
【978-4-89407-135-3】

## 英国王のスピーチ

幼い頃から吃音という発音障害に悩まされている英国王と一般人スピーチセラピストとの友情を描いた感動作。

中級

1,600 円 ( 本体価格 )
四六判変形 168 ページ
【978-4-89407-473-6】

## エバー・アフター

王子様を待っているだけなんて耐えられない。そんな強くて、賢く、さらに美しい主人公を描いたシンデレラ・ストーリー。

上級

A5 判 156 ページ
【978-4-89407-237-4】

価格表示のないものは 1,200 円（本体価格）

## オズの魔法使
ドロシーと愛犬トトはカンザスで竜巻に巻き込まれ、オズの国マンチキンに迷い込んでしまう。

初級

1,400 円（本体価格）
四六判変形 168 ページ
【978-4-89407-469-9】

## カサブランカ
第2次大戦中、モロッコの港町カサブランカでカフェを営むリックの元に昔の恋人イルザが現れる。時代に翻弄される2人の運命は…。

中級

A5 判 200 ページ
【978-4-89407-419-4】

## 風と共に去りぬ
南北戦争前後の動乱期を不屈の精神で生き抜いた女性、スカーレット・オハラの半生を描く。

上級

1,800 円（本体価格）
A5 判 272 ページ
【978-4-89407-422-4】

## クリスティーナの好きなコト
クリスティーナは仕事も遊びもいつも全開。クラブで出会ったピーターに一目惚れするが…。女同士のはしゃぎまくりラブコメ。

上級

A5 判 157 ページ
【978-4-89407-325-8】

## 交渉人
映画「交渉人」を題材に、松本道弘氏が英語での交渉術を徹底解説。和英対訳完全セリフ集付き。

上級

1,800 円（本体価格）
A5 判 336 ページ
【978-4-89407-302-9】

## ゴースト ニューヨークの幻
恋人同士のサムとモリーを襲った悲劇。突然のサムの死には裏が。サムはゴーストとなり愛する人を魔の手から守ろうとする。

中級

A5 判 114 ページ
【978-4-89407-109-4】

## ゴスフォード・パーク
イギリス郊外のカントリーハウス「ゴスフォード・パーク」。そこで起きた殺人事件により、階級を超えた悲しい過去が明らかに。

上級

A5 判 193 ページ
【978-4-89407-322-7】

## ザ・ファーム 法律事務所
ミッチはハーバード法律学校を首席で卒業、ある法律事務所から破格の待遇で採用を受けるが、陰謀劇に巻き込まれる。

上級

A5 判 216 ページ
【978-4-89407-169-8】

## サンキュー・スモーキング
タバコ研究アカデミー広報部長のニックは巧みな話術とスマイルで業界のために戦うが、人生最大のピンチが彼を襲う！

上級

四六判変形 168 ページ
【978-4-89407-437-8】

## サンセット大通り
サンセット大通りのある邸宅で死体が発見された…。その死体が語る事件の全容とは？

中級

1,500 円（本体価格）
四六判変形 192 ページ
DVD 付
【978-4-89407-461-3】

## 幸せになるための27のドレス
花嫁付き添い人として奔走するジェーン。新聞記者のケビンは、取材先で出会った彼女をネタに記事を書こうと画策する。

中級

1,600 円（本体価格）
四六判変形 200 ページ
【978-4-89407-471-2】

## 市民ケーン ドット
かつての新聞王ケーンが死に際に残した謎の言葉「バラのつぼみ」をめぐって物語は進んでいく…。

中級

1,400 円（本体価格）
四六判変形 200 ページ
【978-4-89407-492-7】

## シャレード
パリを舞台に、夫の遺産を巡って繰り広げられるロマンチックなサスペンス。

中級

1,500 円（本体価格）
四六判変形 228 ページ
DVD 付
【978-4-89407-430-9】

## JUNO / ジュノ
ミネソタ州在住の16歳の女子高生ジュノは、同級生のポーリーと興味本位で一度だけのセックスで妊娠してしまう。

上級

A5 判 156 ページ
【978-4-89407-440-0】

## 紳士協定
反ユダヤ主義に関する記事の執筆を依頼されたフィルは、ユダヤ人と偽って調査するが、予想以上の差別や偏見を受ける。

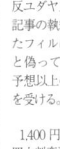

上級

1,400 円（本体価格）
四六判変形 208 ページ
【978-4-89407-522-1】

※2015年1月現在

# 出版物のご案内（スクリーンプレイ・シリーズ）

**iPen 対応商品**
（最新情報はホームページをご覧ください）

## シンデレラマン
貧困の中、家族の幸せを願い、命を懸けて戦い抜いた男の半生を描く。実在のボクサー、ジム・ブラドックの奇跡の実話。
中級
A5判 208ページ
【978-4-89407-381-4】

## スクール・オブ・ロック
ロックをこよなく愛するデューイは、ルームメイトのネッドになりすまし、有名市立小学校の5年生の担任となる…。
初級
A5判 216ページ
【978-4-89407-364-7】

## スーパーサイズ・ミー
1日3食、1カ月間ファーストフードを食べ続けるとどうなる？ 最高で最悪な人体実験に挑むドキュメンタリー映画。
上級
A5判 192ページ
【978-4-89407-377-7】

## スタンド・バイ・ミー
不良グループの話しを盗み聞きし、目当ての死体を探しに旅に出る4人の少年達。最初に見つけてヒーローになろうとするが…。
中級
1,600円（本体価格）
四六判変形 152ページ
【978-4-89407-504-7】

## 素晴らしき哉、人生！
クリスマス前日、資金繰りに崩し自殺を考えるジョージに、二級天使クラレンスは彼を助けようと…。
中級
1,400円（本体価格）
四六判変形 224ページ
【978-4-89407-497-2】

## スラムドッグ＄ミリオネア
インドのスラム出身のジャマールは「クイズ＄ミリオネア」に出演し最終問題まで進む。オスカー作品賞に輝く感動作。
上級
A5判 168ページ
【978-4-89407-428-6】

## 第三の男
誰もが耳にしたことがあるチターの名曲とともに、事件の幕があがる…。
中級
1,500円（本体価格）
四六判変形 188ページ
DVD付
【978-4-89407-460-6】

## ダイ・ハード 4.0
全米のインフラ管理システムがハッキングされた。マクレーン警部補は史上最悪のサイバー・テロに巻き込まれていく…。
上級
A5判 176ページ
【978-4-89407-417-0】

## ダークナイト
新生バットマン・シリーズ第2作。最凶の犯罪者ジョーカーとバットマンの終わりなき戦いが今始まる…。
中級
1,600円（本体価格）
四六判変形 208ページ
【978-4-89407-468-2】

## 食べて、祈って、恋をして
忙しい日々を送り、人生の意味を考え始めたリズが、夫と離婚して、自分探しの3カ国旅に出ることに。
上級
1,600円（本体価格）
四六判変形 192ページ
【978-4-89407-527-6】

## チャーリーズ エンジェル
謎の億万長者チャーリーが率いる、3人の美人私立探偵エンジェルズが披露する、抱腹絶倒の痛快アクション。
中級
A5判 144ページ
【978-4-89407-264-0】

## ナイアガラ
ローズは、浮気相手と共謀して夫を事故に見せかけ殺害しようと企むが…。
中級
1,500円（税込価格）
四六判変形 136ページ
DVD付
【978-4-89407-433-0】

## ナイト ミュージアム
何をやっても長続きしないダメ男ラリーが斡旋されたのは博物館の夜警の仕事。だがその博物館には秘密が隠されていた。
初級
A5判 176ページ
【978-4-89407-415-6】

## バック・トゥ・ザ・フューチャー
高校生のマーティは30年前にタイム・スリップし、若き日の両親のキューピットに。人気SFストーリー。
初級
1,600円（本体価格）
四六判変形 168ページ
【978-4-89407-499-6】

## ハート・ロッカー
イラク・バグダッドで活動しているアメリカ軍爆発物処理班の姿を描く。オスカー作品賞、監督賞に輝いた衝撃作！
上級
四六判変形 188ページ
【978-4-89407-453-8】

価格表示のないものは 1,200 円(本体価格)

### ハムナプトラ

舞台はエジプト。リック・オコンネルは、仲間と3人で、ハムナプトラの消えた秘宝を探す旅に出たのだが…。

**中級**

A5 判 148 ページ
【978-4-89407-239-8】

### フィールド・オブ・ドリームス

アイオワ州で農業を営むレイは、ある日、天の声を聞く。以来、彼は、えも言われぬ不思議な力に導かれていくのであった。

**中級**

A5 判 96 ページ
【978-4-89407-082-0】

### プラダを着た悪魔

ジャーナリスト志望のアンディが、一流ファッション誌の編集長ミランダのアシスタントとなった…。

1,600 円(本体価格)
四六判変形 200 ページ
【978-4-89407-466-8】

### フリーダム・ライターズ

ロサンゼルスの人種間の対立が激しい高校で、新任教師が生徒に生きる希望を与えるよう奮闘する、感動の実話。

**上級**

1,600 円(本体価格)
四六判変形 184 ページ
【978-4-89407-474-3】

### ミッション・インポッシブル

不可能な任務を可能にするスパイ集団IMF。人気TVドラマ「スパイ大作戦」をベースにした傑作サスペンス・アクション。

**中級**

A5 判 164 ページ
【978-4-89407-148-3】

### ミルク

アメリカで初めてゲイと公表し、公職についた男性ハーヴィー・ミルク。だが、その翌年最大の悲劇が彼を襲う…。

**中級**

四六判変形 192 ページ
【978-4-89407-435-4】

### メイド・イン・マンハッタン

マンハッタンのホテルで客室係として働くマリサ。ある日次期大統領候補のクリスが宿泊に来たことでラブストーリーが始まる。

**中級**

A5 判 168 ページ
【978-4-89407-338-8】

### モナリザ・スマイル

1953年のアメリカ。美術教師のキャサリンは保守的な社会に挑戦し、生徒らに新しい時代の女性の生き方を問いかける。

A5 判 200 ページ
【978-4-89407-362-3】

### 欲望という名の電車

50年代初頭のニューオリンズを舞台に「性と暴力」「精神的な病」をテーマとした作品。

**上級**

1,500 円(本体価格)
四六判変形 228 ページ
DVD付
【978-4-89407-459-0】

### リトル・ミス・サンシャイン

フーヴァー家は、美少女コンテスト出場のため、おんぼろのミニバスでニューメキシコからカリフォルニアまで旅をする。

**中級**

A5 判 184 ページ
【978-4-89407-425-5】

### レベッカ

後妻となった「私」は、次第にレベッカの見えない影に追い詰められていく…。

**中級**

1,500 円(本体価格)
四六判変形 216 ページ
DVD付
【978-4-89407-464-4】

### ローマの休日

王女アンは、過密スケジュールに嫌気がさし、ローマ市街に抜け出す。A・ヘプバーン主演の名作。

1,400 円(本体価格)
四六判変形 200 ページ
【978-4-89407-467-5】

### ロミオ&ジュリエット

互いの家族が対立し合うロミオとジュリエットは、許されぬ恋に落ちていく。ディカプリオが古典のリメイクに挑む野心作。

**最上級**

A5 判 171 ページ
【978-4-89407-213-8】

### ワーキング・ガール

証券会社で働くテスは、学歴は無いが、人一倍旺盛な努力家。ある日、上司に企画提案を横取りされてしまい…。

**中級**

A5 判 104 ページ
【978-4-89407-081-3】

### 若草物語

19世紀半ばのアメリカ。貧しいながら幸せに暮らすマーチ家の四姉妹の成長を描く。

**中級**

1,500 円(本体価格)
四六判変形 224 ページ
DVD付
【978-4-89407-434-7】

※2015 年 1 月現在

## 出版物のご案内（その他出版物）

**iPen 対応商品**
（最新情報はホームページをご覧ください）

### 映画の中のマザーグース

176本の映画に見つけた、86編のマザーグース。英米人の心のふるさとを、映画の中に訪ねてみました。

鳥山 淳子 著
A5判 258ページ
1,300円（本体価格）
【978-4-89407-142-1】

### もっと知りたいマザーグース

『映画の中のマザーグース』に続く第2作。映画だけでなく文学、ポップス、漫画とジャンルを広げての紹介。

鳥山 淳子 著
A5判 280ページ
1,200円（本体価格）
【978-4-89407-321-0】

### 映画でひもとく 風と共に去りぬ

『風と共に去りぬ』のすべてがわかる「読む映画本」。世界中が感動した名セリフを英語と和訳で解説。裏話も紹介。

大井 龍 著
A5判 184ページ
1,200円（本体価格）
【978-4-89407-358-6】

### スクリーンプレイ学習法

映画のセリフは日常で使われる生きた英語ばかり。本書では、映画シナリオを使った英会話学習法を全解説。

新田 晴彦 著
A5判 212ページ
1748円（本体価格）
【978-4-89407-001-1】

### スクリーンプレイで学ぶ 映画英語シャドーイング

英語の音を徹底的に脳に覚えさせる学習法「シャドーイング」。映画英語で楽しく学習できます。

岡崎 弘信 著
A5判 216ページ
CD-ROM付
1,800円（本体価格）
【978-4-89407-411-8】

### 映画を英語で楽しむための7つ道具

40本の映画をコンピューターで分析。Give, Getなど、7つの単語で英語のほとんどを理解・運用することができます。

吉成 雄一郎 著
B6判 208ページ
1,200円（本体価格）
【978-4-89407-163-6】

### 音読したい、映画の英語

声に出して読みたい映画の名セリフを、50の映画から厳選してピックアップ。

映画英語教育学会／関西支部 編
藤江 善之 監修
B6判 224ページ
1,200円（本体価格）
【978-4-89407-375-3】

### 映画（シナリオ）の書き方

いいシナリオには秘密があります。アカデミー賞受賞作品を分析し、優れた映画シナリオの書き方をお教えします。

新田 晴彦 著
A5判 304ページ
1,300円（本体価格）
【978-4-89407-140-7】

### 映画英語授業デザイン集

「映画を使って英語を教えたい」または「学びたい」という人に必見。25種類の授業紹介とワークシートがついています。

ATEM東日本支部 監修
A5判 176ページ
1,800円（本体価格）
【978-4-89407-472-9】

### 映画英語教育のすすめ

英会話オーラル・コミュニケーション教育に「映画」を利用することが注目されています。全国の英語教師必読の書。

スクリーンプレイ編集部 著
B6判 218ページ
1,262円（本体価格）
【978-4-89407-111-7】

### フリーズの本

聞き取れないと危険な言葉、ぜひ覚えておきたい表現を、アメリカ英語から集めた1冊。

木村 哲也／山田 均 共著
B6判 184ページ
951円（本体価格）
【978-4-89407-073-8】

### 図解50の法則 口語英文法入門 改訂版

洋楽の歌詞と洋画・海外ドラマの台詞を例示して、口語英語の規則性を体系化。すべての英語教師・英語学習者必読の書。

小林 敏彦 著
A5判 212ページ
1,600円（本体価格）
【978-4-89407-523-0】

### ゴースト 〜天国からのささやき スピリチュアルガイド

全米を感動の渦に巻き込んでいるスピリチュアルドラマの公式ガイドブック。シーズン1からシーズン3までのエピソードを完全収録し、キャストやモデルとなった霊能力者へのインタビュー、製作の舞台裏、超常現象解説などを掲載したファン必読の一冊。

B5判変形 178ページ
2,800円（本体価格）
【978-4-89407-444-6】

### グラディエーター

第73回アカデミー作品賞受賞作『グラディエーター』のメイキング写真集。200点以上の写真や絵コンテ、ラフ・スケッチ、コスチューム・スケッチ、セットの設計図、デジタル画像などのビジュアル素材に加え、製作陣への膨大なインタビューを掲載。

A4判変形 160ページ
2,800円（本体価格）
【978-4-89407-254-1】

## 中学生のためのイディオム学習

中学3年間でマスターしておきたい重要イディオム171項目を映画からの実例を合わせ、詳しく解説しました。

山上 登美子 著
B6判 217ページ
1,261円（本体価格）
【978-4-89407-011-0】

## 映画で学ぶ中学英文法

本書は「スターウォーズ」シリーズ（エピソード4～6）から100シーンを選び、それぞれの中学重要英文法を詳しく解説。

内村 修 著
A5判 222ページ
1,748円（本体価格）
【978-4-89407-006-6】

## 映画で学ぶ英語熟語150

重要英語表現150項目が、おもしろいほどよくわかる！ロッキー・シリーズで覚える、全く新しい英語熟語攻略法。

山口 重彦 著
A5判 148ページ
1,748円（本体価格）
【978-4-89407-013-4】

## これでナットク！前置詞・副詞

日本人にはなかなか理解しづらい前置詞・副詞を、映画での用例を参考に、図解を用いてわかりやすく解説。

福田 稔 著
B6判 180ページ
1,262円（本体価格）
【978-4-89407-108-7】

## 使える！英単語

『ダイハード』をドキドキ楽しみながら、英単語を身につけよう。単語帳では覚えられなかった単語もバッチリ定着。

山口 重彦 著
A5判 200ページ
1,262円（本体価格）
【978-4-89407-128-5】

## 英語学習のための特選映画100選 小学生編

映画英語アカデミー学会（TAME）の先生20名が小学生向け映画100本を用いた授業方法を提案。

TAME 監修
B5判 224ページ
1,400円（本体価格）
【978-4-89407-521-4】

## THE LIVES AND TIMES OF MOVIE STARS

『映画スター』を30名取り上げた、映画英語教育の新しい教材。高校・大学用テキストブックです。

實吉 孝之 他1名 編著
井上 康仁 他2名 共著
A5判 134ページ
1,600円（本体価格）
【978-4-89407-501-6】

## Business English in Movies

映画史に残る名シーンから、ビジネス用語をテーマ別、場面別に幅広く学べます。

鶴岡 公拳／Matthew Wilson／早川 知子 共著
B5判 160ページ
1,600円（本体価格）
【978-4-89407-518-4】

## 映画で学ぶ アメリカ文化

文化というとらえがたいものでも、映画を観ながらなら楽しんで学ぶことができます。アメリカ文化を解説した1冊。

八尋 春海 編著
A5判 253ページ
1,500円（本体価格）
【978-4-89407-219-0】

## 映画で学ぶ アメリカ大統領

国際政治学者である筆者が、11本もの大統領映画を通じてアメリカの大統領制や政治、社会の仕組みを解説します。

舛添 要一 著
B6判 272ページ
952円（本体価格）
【978-4-89407-248-0】

## アメリカ映画解体新書

もう一度聴きたいあのセリフに、もう一度逢いたいあのキャラクターに学ぶ、人間・文化＆口語表現。

一色 真由美 著
A5判 272ページ
1,500円（本体価格）
【978-4-89407-167-4】

## 映画の中の星条旗（アメリカ）

アメリカの現代社会について100のテーマを選びそれについて関係の深い映画の場面を紹介・解説しています。

八尋 春海 編著
A5判 240ページ
1,500円（本体価格）
【978-4-89407-399-9】

## イギリスを語る映画

イギリスを舞台にした30本の映画を取り上げ、スクリーンに何気なく映し出される光景から感じられる文化や歴史を解説。

三谷 康之 著
B6判 172ページ
1,500円（本体価格）
【978-4-89407-241-1】

## 2014年第3回映画英語アカデミー賞

外国語として英語を学ぶ、小・中・高・大学生を対象にした教育的価値を評価し、特選する、"映画賞"の第3弾。

TAME 監修
B5判 216ページ
1,600円（本体価格）
【978-4-89407-524-5】

## 武士道と英語道

テストのスコアアップだけではない、いわば効果性に強い英語道のすべてを、武士道を通して解説。

松本 道弘 著
四六判変形208ページ『サムライの秘密』DVD付
3,800円（本体価格）
【978-4-89407-379-1】

※2015年1月現在

# *iPen* の案内

### *iPen* とは?
- i (わたしの) Pen (ペン) は内蔵音声データを再生する機器です。
- 先端に赤外線読み取り装置が組み込まれており、ドットコードを読み取ります。
- 上部にスピーカーとマイクロフォンが付いています。

### 読んでる時が聞きたい瞬間
- 特殊加工(ドットコード)印刷された英文にペン先を当てると、
- スキャナーがドット番号を読み取り内部のシステムを介して…
- MicroSD 内データを呼び出し、音声を再生します。

### 早送りも巻き戻しも必要なし
- 聞きたいセリフ箇所にペン先を当てるだけで直ちに聞こえます。
- DVD・ブルーレイ・USB など映画ソフト、プレイヤー・パソコンなどハードは必要なし。
- 面倒なチャプター探し、早送り、巻き戻しも一切不要です。

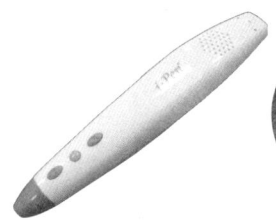

### その他の機能紹介

| 用途 | 音声録音 | USB 対応 | ヘッドホンと MicroSD 対応 |
|---|---|---|---|
| 内容 | 本体内部にはデジタルメモリーが内蔵されており、本体上部のマイクにより外部(あなたの)音声を一時的に録音させることができます。また、録音音声をドットコードとリンクさせ、再生させることもできます。 | 付属の USB ケーブルを使用してパソコンと接続することができますから、パソコンで音声データ編集が可能です。単語毎、文章毎、画像の音声化などあなたの用途に応じてさまざまな音声編集をすることができます。 | 本体には一般ヘッドホンが接続できます。使い慣れたヘッドホンで周囲の環境を気にすることなく本体をご使用いただけます。また、音声データは基本的に MicroSD カード(別売り)に保存してご利用いただけます。 |
| 実用例 | シャドーイング学習・発音確認 | 音声カードやフラッシュカード作り | 通勤通学学習・友人と音声交換 |

### *iPen* の使い方 ①

| 音声を再生する | 音声データのコピー(移動) |
|---|---|
| 電源ボタンで *iPen* を ON にします。(OFF も同様です)<br>❶ セリフ毎の音声再生<br>スクリーンプレイの英語文字周辺にペン先をあわせると、印刷行の区切りまで音声を再生することができます。同一人物のセリフでも、長いセリフは途中で分割されています。<br>繰り返し聞きたいときは、再度、ペン先をあわせます。<br>❷ チャプター毎の音声再生<br>チャプター毎にまとめて、連続してセリフを聞きたい時は、スクリーンプレイの目次や各ページに印刷されている、①(DVD)チャプター番号にペン先をあわせます。<br>❸ スクリーンプレイの目次<br>スクリーンプレイの目次は今後とも原則「10」で編集しますが、日本発売の標準的 DVD チャプターの区切りに準じます。 | *iPen* では任意の MicroSD で PC と双方向に音声データのコピーができます。だから、MicroSD は一枚でも結構です。各映画の音声データは PC のフォルダーに保存しておきましょう。<br>❶ 音声データをダウンロードします<br>必要な音声データを PC 内フォルダーにダウンロードします。<br>❷ *iPen* と PC を接続します<br>*iPen* 電源オフで付属 USB ケーブルを PC に接続します。<br>❸ *iPen* の所定フォルダー内既存データを「削除」します<br>❹ 音声データをコピーします<br>PC 内の音声データを *iPen* の所定フォルダーにコピーします。<br>❺ 「所定フォルダー」や切断方法など<br>*iPen* の所定フォルダーや PC との切断方法など、詳しい内容は *iPen* 付属の取扱説明書をご覧下さい。 |

# スクリーンプレイから「音」が出る新時代

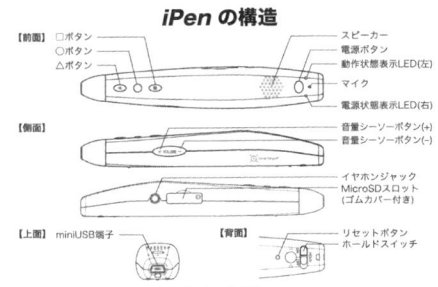

## iPen の構造

【前面】
- □ボタン
- ○ボタン
- △ボタン
- スピーカー
- 電源ボタン
- 動作状態表示LED(左)
- 電源状態表示LED(右)

【側面】
- 音量シーソーボタン(+)
- 音量シーソーボタン(-)
- マイク
- イヤホンジャック
- MicroSDスロット(ゴムカバー付き)

【上面】miniUSB端子

【背面】
- リセットボタン
- ホールドスイッチ

## 主な仕様

| 製品名 | スクリーンプレイ iPen | 製造元 | Gridmark Inc.型番GT-11010J |
|---|---|---|---|
| サイズ | 145×25×21mm | 保証期間 | 購入日より6ヶ月製造元にて |
| 重量 | 約40グラム | 配給元 | 株式会社FICP |
| マイク | モノラル | 商標 | iPenはFICPの登録商標 |
| 音声出力 | モノラル100mW/8Ω | 媒体 | MicroSDカード |
| 使用電池 | リチウムイオン電池3.7v (400mAh) | | 専用音声データ (別売り) |
| 充電時間 | 約5時間 (フル充電で約20時間動作) | 印刷物 | ドットコード付き書籍 (別売り) |
| 外部電源 | 5V/0.8A | 動作温度 | 0～40℃ |

(詳しくは本体説明書をご覧下さい)

### Screenplay「リスニングCD」は？

・「リスニングCD」は、お客様のご要望により当社iPenをご利用されていない学習者の方々のために販売を継続しています。
・「リスニングCD」の有無は、下記のホームページでご確認下さい。(本作のようなパブリックドメイン作品を除きます。)
・購入済みScreenplay「リスニングCD」は（送料はお客様ご負担の上、CD本体を）当社までご返送いただければ、該当タイトルの「音声データ」(ダウンロード権)と無料交換いたします。
　詳しくはホームページをご覧下さい。　http://www.screenplay.co.jp

### 入手方法

平成24年6月1日現在、書籍とiPen (2GB以上、MicroSDカード装着済み) は書店でご注文いただけますが、音声データは当社への直接注文に限ります。
下記までご連絡ください。

**郵便、電話、FAX、メール、ホームページ**
株式会社フォーイン　スクリーンプレイ事業部
〒464-0025　名古屋市千種区桜が丘292
TEL : (052)789-1255　　FAX : (052)789-1254
メール : info@screenplay.co.jp

**ネットで注文**
http://www.screenplay.co.jp/ をご覧下さい。
(以下の価格表示は2014年6月1日現在のものです)

#### iPen の価格

スクリーンプレイ iPen 一台　8,800円 (本体価格)
　(MicroSDカード「2GB」以上、一枚、装着済み)
　(当社発売ドット出版物すべてに共通使用できます)

#### 専用書籍

iPenを使用するには、専用の別売り 🅿 ドットコード印刷物と音声データが必要です。

ドット付き 新作　　スクリーンプレイ　1,600円 (本体価格)
ドット付き クラシック スクリーンプレイ　1,400円 (本体価格)
ドット付き その他の出版物　表示をご覧下さい。

#### MicroSD カード

iPen装着以外のMicroSDカードは電気店・カメラ店などでご購入ください。推奨容量は「4GB」以上です。

#### 音声データ (ダウンロード)

音声データ(1タイトルDL) 標準　　1,200円 (本体価格)
(音声はクラシック・スクリーンプレイシリーズは映画の声、それ以外はネイティブ・スピーカーの録音音声です)

#### 送 料

音声データのダウンロード以外は送料が必要です。
ホームページをご覧いただくか、当社営業部までお問い合わせ下さい。

## iPen の使い方 ②

### 音声を録音する

**❶ 録音モードに切り替える**
待機状態で「○ボタン」を2秒以上長押ししてください。LED (左) が赤く点灯し【録音モード】になります。

**❷ 録音する**
【録音モード】になったら「○ボタン」を離して下さい。すぐに録音が開始されます。

**❸ 録音の一時中止**
録音中に「○ボタン」を押すと録音を一時停止します。もう一度「○ボタン」を押すと録音を再開します。

**❹ 録音を終了する**
「□ボタン」を押すと録音を終了します。

**❺ 録音を消去する**
【一部消去】、【全消去】とともに説明書をご覧下さい。

### 音声をリンクする

リンクとは録音音声をスクリーンプレイ左ページ最下段に印刷された 🅿 マーク(空き番号)にリンクすることです。🅿 マークにペン先をあわせると録音音声が聞こえるようになります。

**❶【リンクモード】に切り替える**
リンクしたい音声を選択し、その音声の再生中／録音中／一時停止中に「△ボタン」を2秒以上長押ししてください。LED (左) が橙に点灯し【リンクモード】になります。

**❷ リンクを実行する**
【リンクモード】になったら、「△ボタン」を放してください。リンクの確認メッセージが流れます。その後、🅿 マークにタッチするとリンク音が鳴り、リンクが完了します。

**❸ リンクを解除する**
【一部解除】、【全解除】、その他、説明書をご覧下さい。

## スクリーンプレイ **リスニング・シートのご案内**

- ●リスニングシートは以下の『目的』『方法』『シートについて』『注意』をよく読みご利用ください。
- ●該当の映画メディア（DVD、ブルーレイ、3D等）を購入するか、レンタルするか、準備が必要です。
- ●映画音声で聞き取りにくい方は、まず『音声データ』(別売)または『リスニングCD』(別売)で練習してください。

### 目 的

リスニングシートは、ドット印刷書籍スクリーンプレイ・シリーズとして発行されている名作映画を対象に、メディア（DVDやブルーレイ、3D等）と併用して、リスニング学習を応援するためのものです。

リスニングシートは、あなたが『字幕なしで映画を楽しめるようになる』ことを目指して、何度も映画スターのセリフを聞き取りながら「完全英語字幕」を作成し、リスニング学習の楽しさと喜びを感得し、英語音声の特徴と口語英語のリズムを習熟、リスニング能力向上の実現を目的にしています。

### 方 法

映画　リスニングシートは、書籍スクリーンプレイ・シリーズの中で「ドット印刷」として発行されているタイトルだけです。タイトルは順次、追加します。

種類　シートは4コース（初級Aコース、中級Bコース、上級Cコース、最上級Dコース）あります。

選択　ご希望のコースを選んでください。通常は『初級Aコース』から順にご利用ください。

印刷　シートは印刷（プリント）できます。標準B4サイズで印刷してください。

記入　メディアを鑑賞しながら、リスニングシートのアンダーライン部分にセリフ文字を記入します。

禁止　メディアには英語字幕がある場合がありますので、これを表示しないでリスニング学習します。

解答　解答、日本語訳、語句解説などはご購入された書籍スクリーンプレイをご覧ください。

### リスニングシートについて

・初級Aコースのアンダーラインは、JACETレベル1までの中学学習単語の中から設定しました。
・中級Bコースのアンダーラインは、JACETレベル3までの高校学習単語の中から設定しました。
・上級Cコースのアンダーラインは、JACETレベル6までの大学学習単語の中から設定しました。
・最上級Dコースのアンダーラインは、JACETレベル8までの8000単語すべてです。
・JACETとは大学英語教育学会のことで、JACET8000の詳しい内容は以下をご覧下さい。

http://www.j-varg.sakura.ne.jp/about/log/#2

### 初級Aコース（見本）

# (ドット印刷) スクリーンプレイ購入者に 無料特典

リスニングシートはスクリーンプレイのホームページにあります！
## http://www.screenplay.co.jp/

『ユーザー名』に半角「screenplay」、『パスワード』に本書のISBNコード下4桁を半角「ハイホン」付きで入力ください。

- 複数形、進行形、過去（完了）形、比較（最上）級、否定形、結合単語等もすべて含まれます。
- レベルを超えた単語はすべて記入済みです。
- 人名や固有名詞は初めて登場する時は記入済み、2回目からはアンダーラインの場合があります。
- セリフをよく聞き取って、正確に英語字幕を記入してください。「I am」と発声していたら「I am」、「I'm」と発声していたら「I'm」です。
- 「wanna」は「wanna」で、「want to」は不正解です。その他、同様です。
- 辞書を使用することは可能です。英語字幕を表示・参照することは禁止です。
- リスニングシートは転載・引用・コピー・第三者への貸与・販売等一切禁止です。

③大文字と小文字の区別、コンマ、ピリオド、ハイフォンなども必要です。
④文字は半角文字で記入します。数字は算用数字の場合と文字の場合があります。
⑤正しい英文法や標準的な表記法に準拠した文章表示が大切です。
⑥実際のセリフが文法的に間違っている場合は、発声に従います。
⑦英語以外の言語が登場する場合は、あらかじめ表示されています。

### 注意
基本 ①発声されたセリフを良く聞き取って、正確に文字化し、完全な英語字幕を作成します。
②動物の鳴き声や自然物等の擬声語、擬音語は原則的に文字化する対象になりません。

ライン ①一つのアンダーラインに一つの単語が入ります。
②一つのアンダーラインに2単語以上記入があると「不正解」です。
③ただし、中には「-」や「'」で結合された複合単語などがあります。
④アンダーラインの長さは、半角英数で、正解単語の長さとほぼ一致します。
⑤「.」「,」「!」「?」などは、基本的に初めから表示されています。

### 最上級Dコース（見本）

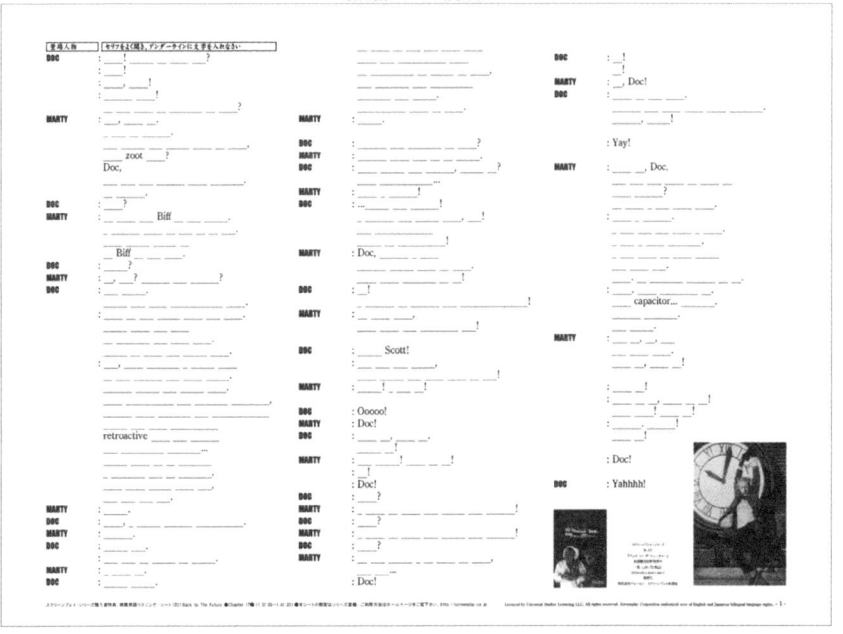

クラシック・スクリーンプレイ (CLASSIC SCREENPLAY) について
　クラシック・スクリーンプレイは著作権法による著作権保有者の保護期間が経過して、いわゆるパブリック・ドメイン（社会全体の公共財産の状態）になった映画の中から、名作映画を選んでスクリーンプレイ・シリーズの一部として採用したものです。

名作映画完全セリフ音声集
スクリーンプレイ・シリーズ 171
## 陽のあたる場所

2015 年 2 月 2 日　初版第 1 刷

| 監　　　修： | 長岡　亜生／安田　優 |
|---|---|
| 翻訳・解説： | 石本　哲子／岡崎　和子／加藤みちる／須田久美子 |
| | 本間千重子／長岡　亜生／安田　優／吉村　俊子 |
| 前文・コラム： | 石本　哲子／須田久美子／長岡　亜生／松本　和彦 |
| | 安田　優 |
| 10 のセリフ： | Mark Hill／岡崎　和子 |
| 英 文 担 当： | Mark Hill |
| 音 声 担 当： | Angela Bingham／Megan Knecht |
| | Mark Hill／Daniel Ostrander |
| 編 集 者： | Mark Hill／鈴木　誠／塚越日出夫／梅田　麻美 |
| | 鯰江　佳子／内山　芳博 |
| 発 行 者： | 鈴木　雅夫 |
| 発 売 元： | 株式会社フォーイン　スクリーンプレイ事業部 |
| | 〒 464-0025　名古屋市千種区桜が丘 292 |
| | TEL: (052) 789-1255　FAX: (052) 789-1254 |
| | 振替: 00860-3-99759 |
| 印刷・製本： | 中部印刷株式会社 |
| 特　　　許： | 吉田健治／グリッドマーク株式会社（ドット印刷） |

---

定価はカバーに表示してあります。
無断で複写、転載することを禁じます。
乱丁、落丁本はお取り替えいたします。

Printed in Japan
ISBN978-4-89407-530-6